精准扶贫

中国电商扶贫新实践

魏延安◎著

電子工業出版社
Publishing House of Electronics Industry
北京•BEIJING

编辑说明

◎为了客观呈现互联网时代的“丰富语境”，对于一些当前十分流行但不符合出版规范的网络用语，本书采用语义相近的词语进行替代。

◎为了真实呈现互联网语境下的语言表达习惯，书中的部分内容，特别是在新媒体中常用的各种形象化词汇，尽可能“原汁原味”地保留约定俗成的表达方式（如网络、网上、互联网，电商、电子商务，用户、消费者、顾客，等等），并未对其进行“一致性”处理，文中不再赘述。

◎电商扶贫是精准扶贫的重要方面，特别是农产品电商，事关“三农”切身利益，需要让老百姓听得懂。因此，本书部分内容特别是对于农产品电商等的描述，作者摒弃官话、套话，放弃文绉绉的书面语言，尽量用接地气的语言来叙述，难免显得相对口语化，请读者谅解。

编写说明

电商扶贫是当前脱贫攻坚工作的一个重要载体，也是农村电商发展的一大热点。通过多年的实践，电商扶贫已经形成了基本的政策理论体系，探讨和总结实践案例对进一步深化当前的电商扶贫实践，巩固脱贫攻坚成果，促进脱贫攻坚与乡村振兴衔接有重要意义。

自 2014 年年底被国家纳入精准扶贫十大工程以来，电商扶贫的进展非常明显，目前，在发展的广度上，正向着全覆盖推进，在发展的深度上，正向着产业纵深前进。目前脱贫攻坚已到了决战决胜、全面收官的关键阶段，大量的电商平台、社会机构、地方政府和社会力量都在探索电商扶贫。当前各界对电商扶贫关注度高，但在实践中还面临诸多困惑，基层与业界普遍需要系统性理论指导和实践参考，特别是在脱贫攻坚决战期，这种需求更加迫切。当前的电商扶贫也存在亟待解决的现实问题，如对国家出台的电商扶贫政策体系解读不够、对电商扶贫的概念内涵认识不清、对电商扶贫的基本路径缺乏有效梳理，农产品上行、农村快递物流等制约因素需要破解，参与电商扶贫的创业者与企业面临实践困惑等。

在此背景下，全面梳理近几年的电商扶贫政策体系、理论研究进展，特别是总结实践中面临的实际问题与破解办法，对于有效推动电商扶贫、深化精准脱贫实践具有十分积极的现实意义。作为国内农村电商理论研究深入、成果丰硕的专家，作者在三农与电商融合研究方面有独到见解，在业界有较大影响力，掌握大量实践案例，擅于总结和分析实践案例。

本书及时对当前电商扶贫的理论与实践进行了系统研究，总结了电商扶贫的经验和路径，为深化电商扶贫工程的实施提供了重要借鉴。本书适合脱贫攻坚地区的党政领导和基层干部、参与电商扶贫的电商从业者参阅，也可作为有关培训机构的电商扶贫参考资料。

前言

2020年注定是极不平凡的一年，在战胜一场突如其来的新冠肺炎疫情之后，脱贫攻坚的目标任务依然要如期完成，让全面建成小康社会的庄严承诺如期兑现。脱贫攻坚战同样是艰苦卓绝的战斗，需要举全党、全社会之力，在落实“六个精准”“五个一批”要求基础上，不断创新路径，以非常举措来取得最后的胜利。电商扶贫正是实现精准扶贫的创新举措。

电商扶贫是电子商务蓬勃发展与精准扶贫纵深推进的深度融合。从2010年前后开始，随着农产品电商呈现高速增长态势，电商扶贫从那时开始了萌芽和自发探索。2013年甘肃省陇南市的成县出现了“核桃书记”李祥，他带头站台，有组织地推动贫困地区农产品网上销售，为农民增收助力。2014年年底，电商扶贫被国家列为精准扶贫十大工程之一。2015年11月29日出台的《中共中央 国务院关于打赢脱贫攻坚战的决定》明确指出，要“实施电商扶贫工程”。此后，电商扶贫成为有众多力量推动的脱贫攻坚工作的又一重要举措。

电商扶贫已经形成强大的推动合力。从实施电商扶贫工程到推进互联网扶贫行动，顶层设计不断完善；从开展三轮试点到电子商务进农村综合示范项目贫困县全覆盖，政策的支持持续加强；从电商平台、电商企业与地方合作到全国电商扶贫联盟形成，政府、平台、电商、传统生产主体等多方面力量协同；从初期的点状突破，到最后的全面发展，电商服务业、金融支付、快递物流、产业园区等配套产业蓬勃发展，电商新经济为贫困地区经济社会发展转型带来新动力。

电商扶贫的实践带给了贫困乡村诸多改变。一批“养在深闺人未识”的贫困山区农产品通过互联网走进了千家万户，有的还成为网红产品；一批贫困家庭掌握了电子商务技能，实现了就业、创业；日益普及的宽带互联网、快递物流和便民服务，让偏远乡村的人们也能享受信息化的便利；电商也为社会各界参与消费扶贫提供了便捷的通道，众筹、预售、订制、领养等创新方式的推广，促进了产销衔接，让扶贫人人可为；而那些有着美丽风光和独特民俗文化的贫困山村也在直播和短视频的传播中成为乡村旅游的热点，旅游电商把绿水青山变成了脱贫致富的“金山银山”；“电商春潮”也让进城的务工者、大学生有了返乡的动力，乡村创新创业既让三产融合加速山村巨变，也让传统的乡村文明在与新思想、新理念的碰撞中传承创新。

电商扶贫在一路披荆斩棘中走来。受制于传统观念，初期一些贫困地区的党政领导和企业对电商扶贫没有深刻的认识、不想干，但示范带动和群众的期盼推动了基层实践“星火燎原”；快递费用昂贵、配送不畅，电商基础设施薄弱等问题曾让贫困地区的电商创业者一筹莫展，但持续的政策支持，让农村电商的人才瓶颈逐渐破解。

电商扶贫成为社会关注热点、政策支持重点，其也难免被当成“筐”，什么都往里装，把贫困区域的电商业绩等同于电商扶贫业绩的有之，把短期电商活动等同于电商扶贫长效机制的有之，把宣传噱头作为空头承诺的有之，把便宜产品促销打扮成互联网消费扶贫的有之。然而，参与其中的各方深知，必须聚焦到贫困主体，体现精准要义，让贫困地区群众切切实实感受到电商带来的实惠，最终要看有多少贫困户通过电商脱了贫，每个农民能增加多少收入，对贫困地区经济社会发展有什么实实在在的带动作用。

脱贫摘帽不是终点，而是新生活、新奋斗的起点。脱贫攻坚之后，还有乡村振兴的漫漫征程。要实现脱贫攻坚与乡村振兴的有机融合，让贫困地区加速追赶全面现代化的脚步，电商扶贫还可以从根本上为解决脱真贫、真脱贫、不返贫做出更多贡献。电商扶贫所积淀的乡村新基础设施、人才队伍、产业体系，为数字乡村发展奠定了坚实基础，催生了新的业态，为乡村产业全面振兴提供了动力；电商扶贫所带来的新思想、新理念、新风尚和培育的新农人、新青年、新乡贤，为乡风文明和治理有效增添了新的力量。于是，我们可以对电商扶贫带来的互联网时代的乡村新生产、新生活多一些期待！

目录 /

第一部分

电商扶贫的概念、内涵、模式

1.1 电商扶贫如何为决胜全面建成小康社会加把力？

实现乡村振兴，首先必须打赢脱贫攻坚战。决胜全面建成小康社会，电商扶贫是一个很重要的抓手和路径。在今后的电商扶贫中，如何发挥优势，补足短板，进一步推进电商扶贫，为全面建成小康社会做出更大贡献，值得我们思考。

一、关于电商扶贫的优势

电商扶贫作为一种创新性扶贫措施，有自己的独特优势，主要表现在四个方面：

一是通过互联网搭建了网上大市场，突破了贫困地区农特产品的销售半径，让其从“养在深闺人未知”变成了“凤凰一飞冲千里”。如成县的核桃、砀山的黄桃罐头、阿克苏糖心苹果都从互联网火了起来。

二是通过电商下乡开展了便民服务，让老百姓享受到了信息化发展的红利。网货下乡，弥补了农村商品市场的不足，让产品更丰富，价格更优惠；村上有了电商站点，老百姓交电话费、看病挂号、买火车票更方便了。

三是为农民工特别是大量青年返乡创业提供了舞台。因为农村电商从业门槛低，操作便捷，也满足了年轻人职业体面的心理诉求，促进了农村人口回流，为乡村振兴奠定了人才基础。根据商务部公布的数据，2019 年，农村电商的网店达到 1300 多万家，从业人员达 3000 万人。

四是通过电商的大数据倒推，贫困地区的产业扶贫方向更明确了。现在产业扶贫最大的困难是如何避免“多收了三五斗”式的悲剧，而电商积累的大数据有利于贫困地区有针对性地调整当地产业结构。江苏沭阳县的花卉苗木从 7 万亩增加到 60 多万亩，大多得益于电商的带动。

二、关于电商扶贫的短板

电商作为互联网经济的典型代表，是从城市和工业品开始的，农村及贫困地区相对滞后，短板大体有以下方面：

首先是贫困地区的思想观念较为落后，群众在理念上难以接受和理解，初期难以跟进。贫困地区的领导干部和普通群众很多都存在这些问题，也包括当地的传统生产经营主体。

其次是农村电商基础设施薄弱，突出表现在网络不通，网速不快，物流不通或时效太低、费用太高，加工仓储包装和电商服务业跟不上等方面。

再次是人才十分短缺，贫困地区的很多人想从事电商却不具备相应能力，外来的人才留不住，对本地的人才缺乏有效的扶持和配套服务，成长较慢。

最后是产业基础不配套，特别是标准化、品牌化、质量安全追溯体系不健全，供应链达不到电商的要求。

三、如何进一步推进电商扶贫？

首先，要放宽视野，不能把电商扶贫片面地理解为培训几个贫困户在网上开店，而是要定位在乡村振兴战略的实施上，发挥政府、平台、网商和传统企业等的作用，协同发力，在互联网上推广贫困地区的特色产品、风土人情和自然风光，使贫困地区的农民生活便利化，使贫困地区的产业网络化。

其次，要大力培养人才，每个地方都应培养一批懂电商的领导，培养一批会干电商的干部，培养一批愿意从事电商的人，特别是注意培养返乡农民工、农村青年、留守妇女、残疾人等。

再次，加快电商生态构建。继续引进电商平台和经营主体，加快推进传统企业电商转型，注重发展电商服务业、快递物流业及加工仓储包装等配套产业，让贫困地区的电商生态“丰满”起来，支撑电商快速发展。

最后，发挥好消费扶贫的积极作用。借助互联网，城市消费者和农村生产者之间的直接联系变为可能，一些企业通过电商平台定向采购贫困地区的农产品，还有的企业开展了基于社交电商的农产品众筹、预售、领养等产销对接和城乡互助项目，让电商扶贫的形式丰富起来，让扶贫变得人人可为。当前应该总结阿里巴巴“乡甜”频道、京东“跑步鸡”、苏宁“查干湖冬捕”、中国银行“公益中国”等好的活动经验，扩大示范推广范围，既让人们吃上放心的农产品，又让贫困地区的农民钱袋鼓起来，实现双赢。

1.2 电商扶贫的八种路径

自电商扶贫被列入脱贫攻坚十大工程以来，电商扶贫已经成为当前农村电商发展的重要方面和脱贫攻坚的重要举措。从近年的探索来看，有八种电商扶贫路径值得借鉴。

一、电商赋能贫困主体

电商赋能贫困主体，就是为有意愿的贫困户提供培训，引导其在网上开店，自主销售自家和村民的农产品，实现自主脱贫。目前在贫困地区大量开展的电商扶贫培训就是具体举措。政府必须关注贫困户的系统培养问题，否则培训后实际从事电商人群的比例并不高。贫困地区还缺乏电商服务商、快递物流、包装加工等方面的系统支持，必须着手构建电商生态。一般贫困主体不敢、不会、不愿意的问题依然突出，需要典型示范。

其中尤其要关注残疾人的电商创业，其因身体原因，难以从事一般体力型劳动，但从事电商不需要太多体力，简单便捷。一批残疾人电商创业的典型案例不断涌现，也让更多的贫困地区残疾人看到了希望，他们参加培训的意愿强烈而且态度坚决。近年来，政府和电商平台也针对残疾人电商创业推出了扶持举措，如商务部与中国残联合作的残疾人电商扶贫计划，阿里巴巴推出的女性残疾人电商创业“魔豆妈妈”计划等。

二、电商带动网上销售

如果贫困户没有电商应用能力，可以由电商带着他们，让他们学会把农产品以好的价格卖出去。目前，各大电商平台及电商企业纷纷响应电商扶贫，并做出努力。商务部已经联合阿里巴巴、京东、苏宁等 29 个电商平台开通了电商扶贫频道，一些垂直电商、较大的网商、新农人也策划了富有创意的项目，如唯品会的“唯爱工坊”、新农人刘敬文团队在南疆贫困地区创建的“维吉达尼”电商品牌等。

近两年，社交网络有力推动电商扶贫，一些电商平台、社交媒体、粉丝量巨大的微信公众号等，都开展了贫困地区农产品促销活动，邀请明星代言，取得了良好的效果。但需要注意的是，有的电商、微商打着贫困地区滞销农产品促销的旗号，将“悲情营销”演绎到极致，因此政府需要对其进行正确引导和予以规范，避免影响正常的市场秩序。

同时，政府也要高度关注乡村旅游、休闲农业等与互联网结合后的欣欣向荣趋势，不少贫困地区的绿水青山借助互联网变成了真正的“金山银山”。例如，云南元阳依托互联网开发了从梯田观光到美食品尝再到特色工艺品及民宿体验等一系列旅游产品。

三、电商吸纳贫困人口就业

电商是一个劳动密集型行业，就业潜力巨大。以商务部公布的农村电商数据为例，2019 年全国 1.7 万亿元的农村电商交易额规模背后是 3000 万从业者。对愿意在电商行业就业的人，可以实施电商就业扶贫，实现就业一人，脱贫一户，如京东与国务院扶贫开发领导小组办公室（以下简称“国务院扶贫办”）制订的快递小哥招工计划。

目前我们对电商就业扶贫需要进一步拓宽思路，在直接从业和配套产业就业中寻找更多机会。例如，快递物流相配套的分拣、包装、搬运、配送等环节；电商服务业的网店客服、美工摄影、数据分析、后台管理等；甚至在服务电商的住宿、餐饮、娱乐等方面也有大量就业机会。

四、电商带动贫困地区创业

电商是一个庞大的生态系统，有无数的产业链条和节点可以成为创业的机会。

首先，依托大的电商平台营造的电商“渔场”，就有许多配套的服务领域可以创业，如与电商直接关联的电商服务业，包括客服培养、美工摄影、数据分析、推广运营等，还包括各地开展的电商培训业务。

其次，当各大电商平台下乡后，也需要大量的当地青年加入一线运营进行就业或创业，如农村淘宝的“村小二”，京东的“京东帮”，苏宁的实训店等。

最后，更宽广的就是供应链体系，从田间地头到市民餐桌，存在大量的创业机遇。

五、电商促进消费扶贫

依托电商平台开展各种形式的消费扶贫，像现在流行的众筹、预售、认购、领养等，都可以用到电商扶贫上。例如，京东的“跑步鸡”计划好玩有趣，紧紧抓住了消费者注重品质的特点，以较高的价格定位，实现了优质优价，贫困户不仅增收明显，还规避了市场风险。再如“我在乡下有块田”之类的土地众筹项目，在把整块土地流转“整理”后，再划成若干小块交由城市人众筹当“地主”，种什么由“地主”说了算，可以自己劳作，也可以代耕，产品可以自己收获，也可以代收代送；“地主”可以随时通过手机 App 或微信公众号看到地里的情况。通过这样一系列手段，贫困户一亩地的综合收益可达几千元甚至上万元。

消费者愿意购买贫困地区的农产品，甚至也愿意接受贫困地区农产品在包装、外观上的一些不完美，但并不等于贫困地区就可以不做网络销售的品控。贫困地区需要加强源头的农产品基地建设，做好标准化生产，重视产后的贮藏保鲜、包装分拣、品牌设计等环节，提升消费者的体验感，让消费者买得情愿，吃得满意，最终“以商道来行人道”。

六、电商开展便民服务

电商是民生工程，在电商向乡村延伸的过程中，也帮助农民解决了不少生产和生活困难。邮乐网在总结其农村电商模式时提出，“帮农民做到购物不出村、销售不出村、生活不出村、金融不出村、创业不出村”。“五个不出村”是对电商的民生效应的高度概括。

电商扶贫也推动了农村基础设施的改善。电商扶贫必须改善基础设施，使贫困地区满足电商发展的基本条件，如网络的降费提速、电商培训等。其中，物流是很关键的环节。通过各方的不懈努力，农村物流配送能力在“十三五”期间得到提高，乡镇快递的到达率已经提升到 98%。当然，上述的努力与电商扶贫的需要还是有巨大差距的，目前东南沿海区域内的快递，每单价格仅三元左右，而西部贫困地区的快递每单价格高达十几元甚至二十几元，亟待进一步降费提速。

七、电商带动社会帮扶

在电商时代，动员更多的社会力量参与扶贫事业变得更加快捷。各个电商平台不约而同地策划了社会扶贫类项目。

腾讯围绕互联网+农村推出了一个“为村”平台，形式类似微信公众号，当地的人们不仅可以通过文字、图片来展示村里的实际情况，还可以通过视频直播村里有趣的事情，也可以买卖东西、办理便民服务等。

阿里巴巴推出的“顶梁柱健康扶贫公益保险项目”，以互联网+精准扶贫的新模式为农村家庭中的“顶梁柱”（主要劳动力）提供保障，解决因病致贫、返贫的难题。

国务院扶贫办还支持中国社会扶贫网的建设，力图搭建一个连接贫困人口和社会爱心人士、爱心企业的网络服务平台。到 2018 年，该平台注册用户超过 3600 万人，发布爱心需求项目超过 360 万个，募集爱心款项超过 3.5 亿元。

八、电商倒推产业转型

初期的电商扶贫是农民有什么电商就卖什么，随着电商对消费者大数据的掌握，很多农产品在生产时就可以判断其是否好卖。所以，电商要倒推产业进行转型。目前，很多电商其实已经开始在农村流转土地，推动农民进行标准化、规模化的定制化生产。

一些大的电商平台也与政府合作，从生产源头开始进行全程控制。阿里巴巴的农村淘宝兴农计划，从源头的农资供应、播种管理、施肥用药、收获加工、销售配送一直到消费者餐桌进行全程控制。京东与农资供应商合作，探索产地标准化生产，产品在京东平台上销售。苏宁通过苏宁易购直营店、中华特色馆等渠道反向推动农业的产业化，推动贫困地区更多的优质农副产品进城。

1.3 消费扶贫的基本类型与需要克服的问题

电商扶贫是脱贫攻坚的新举措，消费扶贫逐渐成为电商扶贫的新热点。什么是消费扶贫？简单来说，就是在网上或者其他渠道，通过消费的方式购买贫困地区的农特产品或一些特色的服务，如乡村旅游、民俗文化等，从而帮助贫困地区和贫困户实现脱贫增收。在经过前期的探索后，2018 年消费扶贫进一步得到各方重视，发展进程明显加快，呈现出范围更大、方式更多、影响更大的新趋势。下面，我就几个关键问题进行梳理和探讨。

一、关于消费扶贫的三大意义

从目前的实践总结来看，发展消费扶贫有三大方面的积极意义。

其一，消费扶贫有利于贫困户的稳定增收，特别是有利于实现“扶志”“扶智”，有利于贫困户未来的自我发展，其效果明显优于简单的给钱给物。

其二，消费扶贫有利于贫困地区特色产业的长期培养，对未来贫困地区的经济社会发展更有意义，也让贫困地区的产业扶贫有了精准的方向，形成了密切的产销衔接。

其三，消费扶贫有利于动员社会力量便捷参与，特别是当有了互联网载体和电商平台后，扶贫变得人人可为、人人乐为，既满足了消费升级对绿色生态农产品的需求，也促进了贫困地区的供给侧结构性改革。

二、关于消费扶贫快速发展的四大原因

消费扶贫得到了大家的拥护，大体可以归结为四个原因。

其一，山区产品有了新出路。贫困地区其实有许多好产品，有些还是城市里没有的，以前这些产品“养在深闺人未识”，现在因为脱贫攻坚和互联网而走出“深闺”，一些贫困地区的农产品受到消费者的喜爱。例如，土蜂蜜这个典型的贫困山区特产，这两年正是在互联网的推动下成为网红产品，受到消费者的青睐，带动了许多贫困户养蜂脱贫。

其二，居民消费有了新期待。追求自然生态的消费趋势开始形成，乡愁文化大行其道，乡村旅游、老房土菜等受到热捧，乡村民宿正在兴起，贫困地区的原生态恰逢其时。

其三，扶贫思路有了新变化。总体正在由简单的给钱给物向深度资源开发演化，重点是提升贫困地区与贫困户的发展能力，消费扶贫既体现了帮扶的道义，又避免了一味地给予而造成的依赖思想。

其四，帮扶对接有了新载体。消费扶贫过去就有探索，但对接成本较高，如今伴随着农村电商的快速发展、社交网络的迅速普及，人人参与电商扶贫特别是消费扶贫变为可能，信息不畅、对接不便、过程不透明等问题逐渐被解决。

三、关于消费扶贫的六种基本类型

目前的消费扶贫充分吸收了电商、互联网营销和传统渠道的优势，形成了多种消费扶贫形态。按照其依托的载体，大致可以分为以下几种类型。

第一类，依托自有平台开展的有组织的消费扶贫。例如，较早开始探索的中国银行、中国建设银行及其后的各个银行系电商平台，其主要消费群体是自己的员工，主要在自己的平台上消费自己对接的贫困县产品，这虽然也像一般电商平台的商品销售，但闭环特征明显。目前还有更多企业加入这一行列。

第二类，依托特定关系开展定向采购的消费扶贫。这一类与第一类性质上有些类似，但在形式上更像是线下的社区团购，有的是组织贫困地区到对口的大型企业及其生活区展销，有的是对口企业到贫困地区现场采购，还有的是签订合同进行订单生产。如吉利集团等大型企业定向在贫困地区采购农特产品，作为员工食堂的食材或节日的福利品，采取类似做法的大型企业还有很多。

第三类，依托商业电商平台扶贫专区开展的消费扶贫。在商务部的倡导下，目前已经有阿里巴巴、京东、苏宁等 29 个电商平台开通了扶贫频道，专门用于贫困地区产品的销售，平台进行了包装、文案等方面的改进，也给予了流量补贴和价格优惠，以便于让更多的消费者购买。

第四类，依托专业扶贫机构及其平台开展的消费扶贫。专业从事扶贫的一些机构成立了专门的网络平台开展消费扶贫对接。典型的有中国社会扶贫网，专门开辟了消费扶贫板块，后来独立为扶贫 832 平台。还有中国扶贫基金会创立的“善品公社”，专门从事贫困地区特色产品的开发，创建地域公共品牌，完善供应链体系，而且与社交媒体和电商平台广泛合作。

第五类，依托新型营销方式开展的社会化消费扶贫。各类围绕贫困地区特色资源开展的网络众筹、领养、预售、定制等活动很有趣，开展得有声有色。典型的如京东“跑步鸡”等产品众筹项目、“我在乡下有块田”等土地众筹项目，众多爱心人士积极参与活动。

第六类，依托社交媒体开展网络促销的消费扶贫。一般在微博、微信公众号、今日头条、抖音上发起，以触动网民内心的文案为引导，配套网上购买功能，有的短期销售量十分可观，但也有一些策划是利用贫困地区和滞销产品的事件消费爱心。

同时，还涌现出广告扶贫、展会扶贫等消费扶贫新形式，如中央广播电视台专门利用广告时段为贫困地区产品免费宣传并告知消费者网上采购方式，东部发达省份在各类产品展销会为贫困地区产品开辟免费展销专区等。

四、关于当前消费扶贫的五大趋势

初期的消费扶贫在经过探索、创新后，内容与形式不断演化，有五个方面的发展趋势较为明显。

一是由农产品的消费向深度的资源开发转型。贫困地区不仅有好吃的，也有好看的，丰富的自然和历史人文资源有待挖掘。例如，乡村旅游及民宿、少数民族非物质文化遗产的开发等。如云南哈尼梯田旅游的火热，带动了红米的销售和民族文化体验、特色手工艺品制作等一系列资源的开发。

二是由小范围的探索示范向大范围的广泛对接转型。除了前面提到的银行系消费扶贫探索，目前有更多的大企业也加入其中，特别是人数众多的石油企业、高校等，都加入了这个行列，消费能力是非常强大的。共青团开展的“团团大集”活动就得到了年轻人的广泛支持。

三是由简单的直接对接向依托网络平台进行全方位的社会化对接转型。前期的消费扶贫对接往往比较零散，消费的产品也比较单一。目前逐渐向组织化、平台化演进，如各大电商平台开办的扶贫频道、众筹频道。

四是由传统的对接形式向各类创新的对接方式转型。消费扶贫是一种有道义的商业行为，一味地悲情宣传往往会引发消费者的“感情疲劳”。网络流行的众筹、领养、预售、定制等营销方式，在前期的探索中已取得积极进展，正在加速与消费扶贫融合，认购产品、领养树木、入股经营、体验生态等项目不断涌现。一些电商创业企业面向贫困地区农产品开展的文创活动也促进了网络销售。

五是由一般的产销模式向深度的产业链改造进行转型。原先的消费扶贫模式是贫困地区产什么，消费者就买什么，但有些产品并不符合消费者的需要。目前定制型消费扶贫正在增多，消费者需要什么，贫困户就种什么，同时还对农业投入品的控制、生产标准化、产品品牌化等提出了更高要求。这方面阿里巴巴、京东、苏宁等电商平台都有探索，本来生活、西域美农等电商企业也加大了对贫困地区农产品的定制型采购，与其建立长期的合作关系。由消费层面深入生产环节的一系列供应链、产业链改造，将给贫困地区带来更多的改变。

五、关于消费扶贫需要克服的四个现实问题

大家对消费扶贫的热情很高，但实际操作中也面临一些问题，影响了大家的积极性。

首先，要克服有产无量的问题。贫困地区的农业往往小而散，看起来东西不少，但难以大规模变成商品。一些企业的消费需求较大，贫困地区往往供应不上，小批量采购的成本比较高。因此，政府需要

进一步强化对接，通过预付一定生产资金、指导成立合作社、入股联营等形式，指导贫困户订单化生产、批量化供应。

其次，要克服有品不优的问题。有品不优的问题主要表现为产品没有形成区域品牌，在消费者心目中地位不高；生产管理比较落后，产品质量不高，品种不对路等。贫困地区需要加大生产发展转型力度，强化区域特色品牌的塑造，挖掘背后的历史文化底蕴，讲出好的故事，加强农民的培训和各类人才培养，提升农业科技含量和生产水平。

再次，要克服体验不好的问题。问题的核心是供应链比较落后，产品分级、储藏保鲜、快递物流、包装等环节较为落后，消费者在收到产品后的心理落差很大。改进的办法是培养供应链服务商，从做得好的电商创业企业、传统供应商等进行遴选，改进从田间地头到居民餐桌的全供应链体系，推行质量可追溯体系，提高体验感。同时，要进一步加大贫困地区网络、物流的降费提速力度，改善电商基础设施条件。

最后，要克服难以持续的问题。一些企业和平台发起的消费活动是一次性的，缺乏后续的持续动作和长效对接，虽然对化解当下的农产品存量有一定帮助，但对后续发展缺少考虑。政府需要进一步摆正心态，按照精准扶贫的有关要求，长期对口帮扶，做到扶上马、送一程、真扶贫、扶真贫；同时，进一步探索与农村“三变”改革、村集体经济建设等融合的办法，加大金融扶贫力度，提升消费扶贫效果。

此外，政府也要注意克服借消费扶贫“浑水摸鱼”的问题，加大对不良市场主体的诚信惩戒力度，防止一些夸大宣传、借机谋利的贫困地区滞销农产品促销和虚假的扶贫众筹等，推动消费扶贫健康发展。

六、消费精准扶贫的四种方法

在消费扶贫中，有人把简单的购买行为等同于扶贫行为，有人把购买贫困地区的产品等同于购买贫困户的产品，有人把购买的金额等同于农民的增收，有人把一次性购买等同于有效帮扶等，这些都是需要在实践中克服的问题。如何让消费扶贫更加精准？首先要对标精准扶贫的要义，就是要精准施策，精准到户，精准脱贫。各地在实践中也出现了一些比较好的探索，现归纳四种方法供大家参考。

一是脱贫标准倒推算法。对照国家划定的当地脱贫收入水平，减去现有贫困户收入水平，再推算需要以什么样的价格购买多少数量的农民的农产品，就可以增加收入至脱贫收入水平之上。一些帮扶企业在对口的贫困地区就实施过类似的做法，鼓励企业员工与客户购买贫困地区的农产品。这样做的优点是如果企业实力强，那么消费能力也强，这种做法能迅速达标；缺点是若企业不再帮扶，贫困户持续提高收入水平就面临困难。

二是增收提前计入法。即在购买农户的产品时，把需要增收的额度提前计入农产品价格，每销售一件农产品，农户就得到一份收入，这适合零售式消费扶贫。像京东开展的“跑步鸡”项目，就是提前把每只鸡带给贫困户的收入计算在销售价格内，只要卖出一份，农户就能固定增收。这样做的优点是便捷、直观，推广较快；缺点是量不好把控，有可能远远超出收入预期，也有可能无法达标，另外价格相对较高，消费者的接受度有限。一些地方把土鸡蛋的增收额度算了进去，土鸡蛋的单个售价三四元一个，有的消费者接受不了。

三是投资生产分红法。围绕当地的主导产业或特色产业，由对口帮扶单位注入一定资金，与贫困主体组成合作社或其他形式的生产主体，对生产出的产品进行包销，产生的利润除了农户正常应得的一部分，帮扶单位注入资金的分红也二次分配给贫困户。实际上，这是产品消费扶贫向生产消费扶贫的延伸，消费合作进一步深化。这样做的优点是更利于贫困地区产业和贫困户的长远发展，缺点是机制建立和生产管理比较麻烦，需要投入人员深度介入。

四是众筹经营多元增收法。借鉴网络众筹理念，集中部分贫困户的土地，规划成片，向社会众筹，单位土地面积的收入远高于一般农田；再由政府或帮扶单位等完善基础设施，组织贫困户以打工的形式在田间带作；配套设置农家乐、农家集市等服务项目，方便参与众筹的“地主”参与。这样的做法把众筹、电商、农业物联网、三产融合等整合在一起，贫困户可以从土地众筹、田间务工、餐饮服务等多方面增收。各地开展的“我在乡下有块田”“我在农家有棵苹果树”等活动基本属于这一类型。优点是便于向社会大众推广；缺点是在地理位置不便的情况下，参与度不高，贫困户的生产经营能力需要提高。

七、消费扶贫需要处理好六个关系

消费扶贫成为脱贫攻坚帮扶工作的重点，特别是当它与电商扶贫、广告扶贫等紧密结合起来后，对促进贫困地区农产品销售、产业培养和贫困主体发展能力提升有重要意义。从各地的实践看，要实现消费扶贫，还需要处理好几个关系。

一是要处理好卖商品和卖服务的关系。消费扶贫不仅可以卖出去贫困地区的农产品和特色商品，还可以销售许多服务，最典型的就是乡村旅游和农家乐，都是很受欢迎的项目。目前还可以挖掘乡村民宿、非物质文化传承等服务业形态。同时，贫困劳动力的就业服务空间还比较大，加大就业扶贫，增加收入的潜力有待挖掘。

二是要处理好定向与非定向的关系。目前的消费扶贫过于依赖定向关系，一旦脱贫攻坚结束，又会面临新问题。所以，要继续依靠特定关系开展消费扶贫，但更要积极开拓社会化的非特定关系销售市场，这就需要对品牌、供应链、标准化生产等方面进行很好的打造，实现贫困地区主导产业的供给侧结构性改革，然后运用好各种渠道吸引社会大众参与。

三是要处理好商道与人道的关系。我一直主张电商扶贫（也包括消费扶贫），因为其本质上是“商”，是“消费”，只是出于道义来做扶贫工作，所以要基于商道行人道。如果商道不行，就很难达到目标。因为一旦贫困地区的农产品不符合消费要求，就很难持续。所以，我们要按商业的逻辑来要求贫困地区的农产品，尽快实现应有的标准化、品牌化、绿色化。

四是要处理好短期与长期的关系。从短期来看，贫困地区有什么就卖什么；从长期来看，应该变为消费者需要什么就生产什么。不能总是滞销了才找消费者，或者生产出品质一般的东西让消费者同情式消费。

五是要处理好卖服务和提供服务的关系。卖服务的空间很大，但其实把消费扶贫做好，提供消费扶贫方面的相关服务十分关键。有的贫困户想开个网店，但不会装修店铺，不会写文案；有的贫困户想利用抖音直播推广农产品，但一直入不了门。这个时候就在考验政府的公共服务能力，要把公共服务抓上去，电商扶贫才能迅速发展，才能带动消费扶贫。

六是要处理好坐等流量与主动宣传的关系。做电商的人长期习惯于买流量，农民在地头等着电商来收购农产品，这两者十分相似。但是这些年流量费越来越贵而效果越来越不如以前。直播、短视频正在风口上，贫困地区需要动员一批有志青年返乡，请进一批老师现场手把手指导，真正把当地的农产品推广出去，让绿水青山在网上变成“金山银山”。

1.4 广告扶贫如何做得更好?

我认为广告扶贫的优势体现在以下几个方面。

第一，广告扶贫抓住了贫困地区农产品上行的痛点。贫困地区，穷山恶水，这是过去的看法；现在看来，贫困地区往往是自然生态比较好的地方，有许多的特色农产品非常好却卖出不去，因为没有名气。广告扶贫利用强大的媒体资源，对贫困地区的特色农产品进行了前所未有的宣传，这种广告资源和其所对应的价值是一般贫困县没有也买不起的。这是脱贫攻坚的一个创新举措。

第二，广告扶贫有利于贫困地区主导产业进一步做大。现在，许多贫困县都陷入一个误区，想着把所有的农产品都通过互联网卖出去，这在现实中几乎是不可能的。一个县的特色产品想要走出去，往往既要有一定的知名度，还要有一定的生产量。所以，一个县就应集中精力进行当地特色产品的宣传，这有利于主导产业扩大规模、提升质量，对未来发展是有好处的。

第三，广告扶贫有利于促进电商扶贫和消费扶贫。现在虽然是互联网时代了，但传统媒体的力量依然十分强大，运用好这些媒体资源进行宣传，有利于当地的农产品更快走出去。“酒好也怕巷子深”，这种“吆喝”是十分有意义的。当《舌尖上的中国》播出以后，带动了一批原来可能还不为大众所知的农产品或特色手工艺品迅速火热，这就是宣传的力量。

当然，广告扶贫还有完善的空间。例如，我们现在只宣传了公共品牌，却没有宣传相应的企业市场品牌，这会导致消费者在网上选购的时候无法辨别。所以，广告扶贫虽然要避免商业行为，但还是应该为靠谱的地域品牌龙头企业做一些宣传，以便于精准地开展宣传营销。

同时，广告扶贫应加强与消费扶贫和电商扶贫的联动，利用好各种媒体资源，协同起来，效果才更好。

1.5 当前电商扶贫要解决好四个现实问题

电商扶贫已经从一种理念演化为一种共识，也从初期的探索演变为广泛的实践。从 2015 年国务院扶贫办开展试点至今，电商扶贫在政府、平台、网商、传统生产主体等多方面力量推动下蓬勃发展，为脱贫攻坚注入了新动力。到 2019 年年底，财政部、商务部、国务院扶贫办实施的电商进农村综合示范县项目已经实现全国 832 个国家级贫困县全覆盖；全国 832 个国家级贫困县实现网络零售额 1489.9 亿元。当前的电商扶贫也面临一些现实问题，需要政府正视和解决。

第一，在理念层面，要进一步提高认识，开阔视野。政府要考虑与贫困地区经济社会发展特别是与脱贫攻坚的主要目标深度结合的有效措施，以电商来推动就业扶贫、产业扶贫、教育扶贫、公益扶贫，与之实现深度融合。不宜借电商扶贫做政绩工程，一哄而上。

第二，在实践层面，要加快破解一系列难题。电商扶贫面临的困难，通常包括网络基础设施落后，快递物流不发达，农产品不标准，人才匮乏等。推动电商扶贫，必须坚持问题导向，从打基础的事情开始做起。例如，大力加强人才培养，既“授人以渔”，还要营造“渔场”，真正做到扶上马，送一程；破解快递物流问题，必须有协同共享理念，抱团取暖，把运营成本先降下来。要从卖农产品延伸到改造农产品生产体系，推动供给侧结构性改革，打通供应链，创新产业链，重塑价值链。

第三，在评价层面，要突出贫困主体的获得感。不能把电商扶贫当个筐，什么都往里装，不能把贫困地区的电商业绩等同于电商扶贫的成绩；也不能把简单的电商活动等同于电商扶贫的长效机制；更不能把空头支票当作宣传噱头，吊群众的胃口。必须聚焦贫困主体，体现精准要义，让贫困地区的群众切切实实感受到电商带来的实惠。检验电商扶贫成效好不好，要看有多少贫困农户因为电商脱了贫，平均到每个农民身上能增加多少收入，对贫困地区经济社会发展有什么实实在在的效果。

第四，在方法层面，要注意各方力量的有效协同。政府、平台、网商、服务商、传统企业、农村经营主体及贫困户是电商扶贫的重要参与力量，缺一不可。但从实际情况看，政府各部门、各大平台、各个网商及服务商之间还缺少有效协商，密切协作较少，本来就稀薄的电商要素在贫困地区相对分散，难以形成合力。传统企业、农村经营主体及贫困户还缺少有效带动和帮扶，势单力薄。贫困地区应加快建立政府引导、平台开放、各方力量参与的电商扶贫协同机制，进一步提升电商扶贫效率。特别是地方政府，要从系统思维出发，发挥统筹协调作用，积极完善电商生态，引导各方力量拧成一股绳。

1.6 电商扶贫频道如何才能做实、做好？

电商扶贫已经成为一种共识，也正在成为一种共同行动。自 2017 年下半年以来，各类电商扶贫频道陆续上线。

2017 年 7 月 5 日，国务院新闻办公室举行“互联网+”社会扶贫有关情况新闻发布会，介绍中国社会扶贫网的背景和建设运营情况，启动中国社会扶贫网，其在全国正式上线运行，提供扶贫对接、扶贫众筹、扶贫商城、扶贫展示、扶贫新榜样五大功能。

2017 年 7 月 1 日，京东扶贫频道上线，力图打造贫困地区产品网络销售直通车，全力帮扶贫困县脱贫增收。

2017 年 7 月 30 日，一亩田农产品电商平台专门开设的“扶贫专区”在一亩田 App 上线，对贫困县的农产品和供应商信息进行展示。

2017 年 8 月 22 日，农村淘宝兴农扶贫战略发布，其将以村淘为主线，汇聚公司旗下资源，建立一个服务“三农”的平台，包括生产链、运输链、供应链、渠道链、生鲜冷链和品控链等环节。

2017 年 9 月 15 日，商务部官方网站首页“商务热点”栏目正式开通电商扶贫频道汇总信息平台，其汇总了国内代表性电商企业的扶贫频道链接，以及 221 个国家级贫困县在各大电商平台开设的地方特色馆链接。

至此，已有京东、阿里巴巴、苏宁、中国邮政、顺丰、腾讯、供销 e 家、中粮、中国农业银行、赶街、乐村淘、淘实惠、一亩田、唯品会、每日优鲜 15 家具有代表性的电商企业开通了扶贫频道。

2017 年 11 月 1 日至 10 日，中央电视台财经频道联合商务部、国务院扶贫办共同举办“厉害了我的国·中国电商扶贫行动”，通过新闻报道、网络直播、视频展播等形式推荐贫困县最需要销售的农产品。

在各类电商扶贫频道纷纷上线之后，如何将电商扶贫的最根本要义——精准扶贫持续地做下去，是一个现实问题。电商扶贫不能是一阵风，更不能徒有虚名。我们需要思考以下这些问题。

1. 如何将这些频道推广开来，让更多的人认可并参与？目前，一些电商平台的扶贫频道，首页只有一个小小的图标，不仔细看就难以发现；在密集地上线宣传之后，还必须有持续的宣传计划，让更多的消费者知道并参与。基于电商平台自身流量的宣传成本较高，但电商平台以外的媒体流量却值得引进，无论网站、微博、微信、直播等新媒体，还是报纸、电视、广播等传统媒体，传播对象各不相同，都有可取之处，不宜喜新厌旧。

2. 如何让电商扶贫频道的指向更加精准？必须建立既权威又便捷的信息通道，电商工作在商务部门，贫困户信息在扶贫部门，而消费者信息在电商平台，必须在后台打通数据，高效精准地对接，而不是让基层的干部再重新填报若干报表。要让数据多“跑腿”，电商扶贫更需要如此。

3. 如何让电商扶贫频道的信息更加真实？真实是电商扶贫的生命力，也是基本底线。这几年，一些利用民众同情心的假募捐、假扶贫，伤害了大家的公益之心，也影响了大家参与的热情。必须加大对大数据的应用，应用区块链技术进行数据可靠性维护，坚决杜绝挂羊头卖狗肉的行为，一旦发现必须严惩。

4. 如何实现电商扶贫频道的运行常态化？必须从农业生产的区域性、季节性出发，分区域、分季节，持续策划不同主题的电商扶贫主题活动。例如，春天的草莓季、夏天的樱桃季、秋天的缤纷水果季等。可以使一个大的区域特产在多个平台同时推出，也可以在一个平台上同时推出多个应季时令农产品，具体可以根据实际情况开展。

5. 如何让电商扶贫频道的供应链更顺畅？从农村的产地到城市的餐桌中间有一系列环节，供应链问题非常重要，特别是在贫困地区，这是明显的短板。无论平台还是当地政府，都难以大包大揽复杂的供应链问题，最终还是需要培养当地的电商创业团队来参与和承接，或者动员当地的传统企业转型跟进。

6. 如何让电商扶贫频道的流量更可观？电商的流量是有成本的，让一个商业的电商平台承担太多的电商扶贫流量支出不太现实。所以，我们既要在平台的自有流量中进行存量调整，也要利用场外的资源进行新增流量的开拓。例如，今日头条等新媒体是可以导流的，微信朋友圈依然有着良好的导流效果，直播正在成为新的导流利器，抖音短视频平台上的带货网红已经不少，这些都可以利用。而对贫困地区而言，由于人才匮乏，新媒体从业人员少，所以新媒体能发挥的作用不可高估，传统媒体能发挥的作用却不可低估，一些贫困地区的产品在电视上的宣传导流效果是惊人的。同时，我们还应注意线下资源带来的线上导流，如路边广告牌、社区电子屏等。

7. 如何让电商扶贫的销量更持久？在基于各大平台给予扶持的基础上，政府应多开展基于互联网的消费扶贫，把众筹、预售、定制、共享等新业态用好，特别是一些具有 IP 特质的项目策划；同时，应广泛开展各类定向消费扶贫。

8. 如何让电商扶贫频道更有效率？电商扶贫的一端是先进的互联网，另一端是落后的农村，让二者有机融合，需要有效利用成熟的互联网技术，如大数据、云计算、物联网等，把贫困地区的“眼观手摸”变成智能设备的后台自动匹配，把电商扶贫的信息更便捷地对接起来。

9. 如何让电商扶贫促进贫困地区生产转型？目前的电商扶贫大多还是贫困地区生产什么就卖什么，未来我们应该利用电商销售的大数据，更清楚地归纳出市场需求，然后再组织农民耕种，进一步增强产业结构调整的主动性和精准性，避免一般产业结构调整带来的新一轮过剩与滞销风险。

10. 如何让电商扶贫可持续推进？简单来说，以扶贫为目的，但不能靠“悲情牌”长久运行，还是要回归到电商的基本逻辑上来，基于商道而行人道，在符合市场规律的基础上实现扶贫目标。特别是电商对于商品标准化、供应链体系化等方面提出的要求，在电商扶贫上要予以保证。只有贫困地区的农产品能够通过电商赢得市场的依赖而不是感情上的同情，才能走得更远。

1.7 电商扶贫要从改变理念开始

扶贫先扶智，这是一条重要共识，对电商扶贫而言，同样适用。一些贫困地区的电商扶贫推不动，原因之一就是理念没有过关，后续的行动自然跟不上。下面通过几个例子进行分析。

一、消费扶贫中面临的供应链困难

有的大型国有银行与地方政府签订扶贫协议，通过旗下的电商平台销售贫困地区的农产品，并鼓励银行员工消费。在这些农产品中，苹果卖得不错，开始时农民还能对质量进行严格把关，但后面品控就出现了问题，苹果大小不一，甚至有破损。原因很简单，农民原来卖苹果，站在地头说好价钱，果商不论大小一次摘走，钱货两清。而现在通过电商卖苹果，对品相要求更高了，结果淘汰下来的残次果就不好卖了。在传统线下市场中，可能客商一次拉走一大车，有几箱不好的苹果也能接受，但在互联网上却是一对一的零售行为，直接影响消费者的评价。怎么改进？这更需要技术手段的支持。山西的隰县采取了一户一码的办法，每家销售的梨都有各家的二维码，出了问题可以立刻追溯。

二、传统企业配合度不够

不仅仅是农户，贫困地区的传统企业理念也很难转变。例如，东北大米，传统的包装都是一袋 50 斤或一袋 100 斤，电商平台的消费者大多出自城市家庭，需求量小，一般只需要一袋 5 斤或一袋 10 斤。但当电商提出改成小包装时，卖大米的商家却死活不同意，因为太麻烦。最后做电商的没办法，只能把大米拉走，自建小型分装线进行二次分装上线，这增加了成本和人力消耗。显然，在改进电商供应链方面，如何让传统企业认识电商并积极参与电商也是需要好好琢磨的。

三、电商就业扶贫中的尴尬

某大型电商企业推出了一个就业扶贫计划，招聘建档立卡的贫困户当快递员，以实现“就业一人，脱贫一户”的目的。但初期的招聘试水却不顺畅，因为在只限定招聘对象是建档立卡贫困户时，贫困户的报名意愿并不强烈，这很让电商企业的人头疼。后来，在其他县，电商适当修改了规则，以“青年就业行动”的名义招募，面向全县所有青年，但规定优先录取建档立卡的贫困户，结果应聘人数大大增加，被录取的建档立卡的贫困户也感到很光荣。显然，专门针对贫困户招聘不一定能取得效果，但如果给他们“有限录取”的“特权”，他们就觉得不一样了。在贫困地区做电商扶贫，好心办好事还不够，把好事落实下去，需要有一定的落地措施和技巧。

四、农村电商交易中的“熟人背书”

一般而言，电商是基于平台信用支持的生人交易，但电商下乡的现实是，没有“熟人背书”，生人交易很难打开局面。因为农村大多采用熟人交易，只要农民认可电商站点的这个人，交易就是可行的；反之，如果农民不信任站点的负责人，那么交易也无从谈起。而在熟人基础上，还有长期存在的眼见为实的交易习惯。这样，基层的电商往往就需要先行给农民垫付，无论帮农民买，还是帮农民卖，都是这样。所以，一些电商经营者到农村发现，本来是好心帮农民卖东西，农民却不管电商交易规则。于是在类似“双 11”“6・18”这样的大促活动中，电商经营者就非常纠结，一旦要卖农民的产品，就需要支付很大一笔囤货的费用，还要面临产品卖不掉的风险。这就给电商扶贫提出了一个现实课题，仅有电商经营主体和农民的对接还是不够的，还需要培育电商供应链服务商；而政府不仅仅要发放产业扶贫贷款，也要考虑给电商周转资金的贷款扶持。

以上例子只是电商扶贫中的几个小插曲，真正的电商扶贫还将遇到更复杂的问题，我们需要在实践中一点一点探索，一点一点改变。

1.8 在电商扶贫中，不要把管理与道德放在一起

在电商扶贫中，产业源头的标准化滞后是重要的制约因素之一，而农民一般也难以跟上电商的节奏。于是，在电商扶贫的合作中就出现了许多出发点很好，最终结果却不好的情况。而对于出现的问题，很

多人往往将之归结为农民的素质不高。对此认识，我实难苟同。很多时候其实是管理的机制有问题，而不是农民的素质有问题。

先来看一个故事。一个卖苹果的青年电商向我诉苦，他说农民管起来太难了。我问他为什么？他说虽然已经给农民付了钱，但在装苹果的过程中农民为了更快装完，还是会塞入不符合标准的果子，导致品控经常出问题，客户投诉很多。我告诉他，请不要把管理问题和农民的道德素质问题混为一谈。面对这种计件工资式的管法，无论农民还是城里人，都很有可能为了效率而放弃标准，关键问题是如何改进这种落后的管理方式。

于是，我引用了山西隰县的案例。在这个贫困县，发出去的玉露香梨品质是可控的，因为实行了一户一码制度，谁的梨贴谁家的码，一旦出了问题，立刻追溯到户，有明确的奖惩措施。这样，每位农民都会珍惜自己的声誉，自觉把品控做好，不用监工，不用摄像头，也没有催促，十分自律，这就是管理的力量。

再来看让人津津乐道的褚橙，名头大只是其成功的一个因素，关键还是橙子种得好，不然市场难以持久。褚橙为什么种得好？归根结底是对农民的管理科学有效。在生活上尽量照顾农民，在感情上尽量贴近农民，尊重农业的季节性和农时闲忙不均的实际情况。但是，褚橙在生产上十分苛刻，采取分片承包方式，按照质量等级和产量综合计算收益，种得好、种得不好的农民，其收入差距非常大，这样农民自然会用心经营好自己的那一片果园。褚橙的这一套管理源于褚时健在云南红塔集团的管理心得，管理农民绝对不能等同于管理工人，而是尊重农业劳动的实际规律，不用规定劳作时间。

然而，很多农业企业把更多的工夫花在了建一流的设施上，买来最好的种子、化肥和农药，却恰恰忽略了农业劳动力这个重要因素，管理一塌糊涂，有资源却没有效率。如果他们不在管理问题上好好反思，一味地抱怨农民素质低，这种做法不可取。

1.9 电商扶贫既需要情怀又需要好的方法

如今越来越多的电商主体正在参与到电商扶贫的事业之中。当大家满怀公益之心来到农村，准备通过电商将贫困地区的土特产搬到网上时，才发现电商扶贫并不简单。

我依稀还能想到 2016 年春天当广东徐闻菠萝滞销时电商促销的尴尬结局，因为卖了过多滞销的菠萝，结果销售滞销菠萝的网店不得不关店，其中一个致命的原因就是产地的供应链出了问题。很多农民已经习惯了大堆卖，却没有接受严格的标准化培训和分级出售的理念。所以，当电商的促销开始以后，他们依旧按照传统的思维进行没有标准的混装，这对于网络零售而言是致命的——要么因为不同成熟度的水果装在了一起，导致顾客收货的时候所有的水果都已发霉腐烂；要么就是水果不分大小，不分颜色，不分品种，混装在一起，导致顾客收货以后大喊上当。

不要用道德的名义去批评农民，这些农民大多没有经过市场化的锻炼，更不要说与电商对接了。无论平台还是大的电商，当其从事电商扶贫的事业时候都会发现，平台+农民或者大的电商+农民，都是非常困难的，因为中间缺少了很重要的一环，那就是农产品供应链。如果没有一个可靠的买手在田间地头把好农产品质量的第一关，如果没有一个懂得标准化装箱发货和配送的团队，那么在平台上猛烈地营销，最终的结局可能会非常惨烈。

所以，问题在于对产品的源头如何进行较好地把控。毕竟，在一个网络化时代，做一场吸引人眼球的网络营销活动并不是什么难事，而难题在于源头的农产品，我们如何把它做得更像商品？显然，平台和大的电商确实投入不了太多的人力和时间去费力经营，唯一可能的就是，让本地的电商服务商或者电商创业者转变角色，从网上的直接售卖转向做好供应链服务，这既是电商扶贫的教训，也是电商扶贫的经验。

所以，我们推出了一个小小的活动，就是为一个残疾人领头的合作社做一次网络众筹。但与以往不同的是，这一次众筹是一次多方力量的协同。虽然只是一万个苹果销售的众筹，但这次的活动经过总体协调，由京东众筹平台资源，然后委托擅于进行电商经营的经销商去操刀，而我们的主人公——这个卖苹果的残疾人和她的乡亲们做着最基础的供应链服务工作，那就是选品、包装和当地发货。

不要以为这个活动是微不足道的，这是电商扶贫实践的又一次升级。在电商竞争十分激烈的今天，让一个贫困户直接在网上销售产品已经变得越来越困难，而让一个与贫困户从未谋面的人在网上替他们销售农产品，也充满着各种不可预测的风险。所以，现在需要电商扶贫的各方力量共同协同，从各自的角度为共同的事业协同发力。

我们还将进一步深入，进一步发挥共青团的组织化和社会化动员优势，进一步协调电商平台、电商企业、当地政府、当地电商创业团队和传统农业生产主体的关系，不再单打独斗，不再被迫成为全能冠军，而是在一个电商的体系上，各自完成最擅长的环节，从而让电商的链条更加完备和顺畅。

吴堡县有成千上万棵枣树，大枣成熟的时候甚至没有人采摘，因为新疆红枣已经让这里的大枣“颜面扫地”。如果仅仅从个头的大小及食用的适口性而言，黄河沿岸的红枣可能没有新疆红枣那么大。但是，陕北的红枣是那样的耐人咀嚼，那样的回味悠长，特别是当你在煮粥的时候，在包粽子的时候，在蒸糕点的时候，陕北的红枣不管放进去多久，依然保持原样，因为它们表皮很厚，果肉很瓷实，所以煮了很久依然不会变形。

因而，我们必须给陕北红枣一个更加准确的定位、一个更加让消费者熟悉的特点、一个在网络上促销更加鲜明的标签，让陕北红枣与新疆红枣区别开来。而为了让陕北红枣更好地销售出去，我们协同政府、平台、电商企业、本地服务商和传统生产主体等各方力量，分工协作，在网络上发出更多的好声音和正能量。

1.10 电商扶贫要卖货，但不仅仅是卖货

一、电商扶贫不是卖货这么简单

电商扶贫为了农民增收，当然要卖货。2017 年 4 月，中央电视台《焦点访谈》推出系列节目关注农村电商，其中一个重要的关注点就是目前农村电商的工业品下乡“轰轰烈烈”，而农产品上行却“打不起精神”，这导致一些地方政府与农民很失望。显然，电商扶贫说一千、道一万，不帮助农民增收显然不行。所以，要选好有竞争力的一两个产品，率先在网上打开销路，让老百姓看到实惠再说。有好处了，老百姓自然会跟上来。

但电商扶贫增收不能仅仅依靠卖货，还要依靠当地特色资源的互联网化。目前我国居民消费正在快速升级——由物质消费向精神文化消费快速升级，乡村旅游的火爆正是这个背景下的产物。在乡村旅游火起来后，农民收入结构发生重要变化，卖农产品获得的收入已只占农民收入的很小一部分，餐饮服务、乡村民宿、手工文化产品销售等成为大头。贫困地区虽然发展落后，但山清水秀，没有污染，空气好，天空蓝，泥土香，饭菜充满农家味，只要交通方便，加大网上推介，再规范一下服务，收拾好乡村面貌，就不愁没人来。隰县有美丽的梨

花，有蓝天绿水，应该注重旅游电商的开发。

再往前延伸，电商扶贫本质是脱贫，脱贫需要贫困地区经济社会发展脱胎换骨。所以，对电商扶贫的深刻理解要回到《国务院关于大力发展电子商务加快培育经济新动力的意见》对电商未来发展目标的描述上来，那就是“电子商务与其他产业深度融合，成为促进创业、稳定就业、改善民生服务的重要平台，对工业化、信息化、城镇化、农业现代化同步发展起到关键性作用”。显然，电商扶贫只是互联网+县域的一个入口，必然要延伸到整个县域电商，最后实现县域互联网新经济的崛起。

二、打造出好生态才好干事

电商扶贫难，难在起步，困在人才，而人才又困在电商生态不足，这里既有硬件设施的不足，如网络不通、快递不通、费用太高等；也有软环境的不足，如政策不到位、服务跟不上；还有产业链跟不上等问题，要逐一解决。

要按供给侧结构性改革的要求，下力气解决贫困县的电商基础设施薄弱问题。没有互联网，就没有电子商务。首先是加速宽带进村，免费 Wi-Fi 到村，提速降费。其次是物流要通，乡村物流的“最初一公里”和“最后一公里”同步解决，费用还要优惠。最后是公共仓储、电商创业孵化、电商要素承载园区等要配套建设，降低创业成本，优化要素配置。

要从人才成长的规律出发，简单的培训并不能解决问题，而是要系统培养。不远千里招一批、四邻五舍聚一批、传统行业转一批、草根创业促一批；女婿上门送活水、儿子受压添动力、女儿回门多留住、小姑媳妇当帮手；通过培训育一批、自学成才冒一批、栽下梧桐引一批；父子兵、夫妻站、兄弟连、女人帮，各个渠道都用上。但核心是他们缺什么，政府补什么；他们想说什么，政府就听什么。如果没有一点诚心，没有一点耐心，做电商的年轻人就算回来了，恐怕还是留不住。

三、起步先集中做好一个单品

电商扶贫的典型县——山西隰县选择玉露香梨作为农产品上行的突破口，因为这是一个梨的新品种，人无我有。按照互联网的思维和电商的要求，从现有几万亩开始，高标准起步，品牌规划引领，质量追溯保证，能查得出源头，能看得到原始信息，让消费者吃得放心，吃得满意，让消费者成为隰县玉露香梨品牌的传播者，这就是粉丝经济。

要把网络的数据用好、用活。对通过电商平台、质量追溯体系形成的大数据，请专家，上高手，深度挖掘，对每一个村甚至每一个农户的香梨进行数据评价，扶优扶强，倒推农户提升生产水平；根据大数据，得出趋势性判断，指导宏观生产发展；找出重点市场，继续深度推广。

目前玉露香梨种植面积有限，产能还需要逐步释放，在市场推广初见成效的情况下，要牢记产品就是人品，宁可卖断货，绝不以次充好。一旦萝卜快了不洗泥，伤了人心，砸了牌子，顾客可能再也回不来了，重新恢复市场信心将要付出百倍代价。对掺杂使假、浑水摸鱼等行为，不要等顾客投诉，而是要自清门户。落后地区与发达地区在商业活动中的一个重要差异就是，落后地区常常把顾客当外人，对欺瞒顾客的行为在内部高度容忍，结果大家一起跟着受罪；而发达地区常常把顾客当恩人，谁得罪了顾客谁就是罪人，一定要在内部自我清理。现在玉露香梨这个产业，在网上就是“白纸”一张，一定从一开始就要描绘出美丽的图画，不要折腾，更不要反复擦改。

一个单品做好了，就有心得了，再做其他产品也就会触类旁通，容易上手了。所以，难在开始，关键也在开始，扣错了第一粒扣子就麻烦了，做人做事皆如此。

1.11 在电商扶贫中，要发挥群众的力量

电商扶贫要深入推进，群众的参与非常重要。在初期，通过政府的动员和行政推动、带头人示范、优惠政策补贴等方式，动员了一批群众参与其中。从目前的情况看，在初期的电商扶贫试点地区，一批群众看到了电商扶贫的好处，纷纷参与进来。例如，在陇南，上万名农民开通了自己的网店和微店，累计上行超过 40 亿元；在安徽的砀山，出现了微商村，村民用微商卖酥梨；在陕西和甘肃的苹果主产区，大量的农民开始用网店和微信销售自己的苹果。

在电商扶贫变为一种群众运动之后，最直接的体现就是当地的快递量迅速增加。陕西和甘肃的猕猴桃、苹果产区，开始出现快递量急剧增加甚至爆仓的现象。随之而来的还有包装、人才、融资等问题，可以称之为“成长中的烦恼”。对此，我们既要看到可喜的一面，也要看到面临的问题，必须顺应电商群众运动的方向，加快调整电商扶贫策略。

政府关注的重点应该从解决没有人来参与电商发展向化解参与其中的人面临的瓶颈转变。早先没有人参与，一个县的快递物流基本上是一个常量。但是当大量的农民开始参与其中时，农民用微店、淘宝等销售自家的农产品，使快递量迅速增加，就像夏天大雨之后快速上涨的河流，需要对其进行疏导。第一，要协同相关快递企业，解决短期内产品运不出去的问题，增加临时的运送车辆。要鼓励一些大的电商平台，建立产地仓和异地分仓。要加快培育县域内第四方物流，

承接各个快递公司县域内“最初一公里”和“最后一公里”的双向流通。第二，要逐步解决公共仓储和冷链问题，还要积极推进包装印刷等配套产业链建设。第三，适应电商要求，加快推动源头的生产转型，加快标准化、品牌化和质量可追溯体系建设。第四，要探索电商融资制度创新，通过政府筹一些，相关企业投一些，与银行共同建立电商担保基金，破解在农产品上行高峰期电商收购农产品资金周转严重不足的问题。

电商创业者应该顺应新趋势，积极开始转型。首先，不是开店就叫作电商运营，现有的新农人也好，电商创业者也好，有些人陷入电商中间商的尴尬境地，成本很高，缺乏竞争优势。一些初期的电商创业者可以转化为电商培训、电商运营和供应链的服务者。这些都是农民自己干不了，需要第三方服务来提供的，也是电商创业的重要机遇。其次，要加深与农民的利益连接，由早期的收购农产品在网上销售，到按照电商发展的趋势引导农民调整生产结构，提升生产水平。再次，要提升经营能力，在品牌化、标准化等方面给农民做出示范，避免陷入低价营销的陷阱，避免和农民直接竞争。最后，要加强合作，不同团队之间应该优势互补，在电商的供应链、产业链和价值链上进行有效协作。

对于平台而言，也要把握群众运动的趋势，适当调整平台策略。首先，要针对电商扶贫地区出现的优势产品“上网”加快趋势，分区域开展优势农特产品的网上集中促销活动，扶持发展较为规范的农民网店，促进其做大做强。其次，要加速当地运营的本地化，特别是一些电商平台在县域内的孵化运营中心和乡村站点，要和农民网店经营者紧密结合起来，从中遴选本地运营人才。最后，要运用平台的大数据优势，及时进行深度数据挖掘和分析，为当地电商发展提供指导性意见，为物流提供预测性分析，减少因准备不足而导致的物流爆仓现象。

当地传统的农业产业化龙头企业、合作社等产业主体，也不应该继续做旁观者，而是应该把握这一趋势，积极开展各类行之有效的社会化服务，在电商发货的高峰季节，可以开放已有的仓储冷链设施；还可以跟进当地主导产品网上销售的趋势，及时开展深度加工产品的研发，在鲜活销售季结束以后，增加常态化产品供应；利用已有的区域批发市场销售摊位、线下形象展示店等，与网上销售进行结合。只要勇于接受新事物，跟上新事物的发展步伐，传统的农业产业化龙头企业等也可以在电商扶贫中发现新的商机。

在电商群众运动出现之后，电商扶贫的初期任务就已经完成，所有出现的问题也都是发展中的问题，也必将在发展中解决，而唯一的办法就是与时俱进、加快发展。

1.12 关于十个县域电商扶贫案例的简评

在敏锐地发现电商推动了农村人才回流、促进当地特色产品销售等新的扶贫道路后，一些县近年开始探索用电商的工具推进扶贫，形成了一些具有特色的做法。

一、甘肃成县：电商赋能草根，政府完善生态

甘肃成县所处的地区山大沟深，交通不便，经济落后，但电商为当地农特产品走出大山带来新的路径。从 2013 年起，在成县县委书记李祥的“一把手”推动下，成县以罕见的政府微博方阵为先导，以核桃这一当地特色产品为突破口，以返乡创业青年、大学生村官等为主力，发起了一场轰轰烈烈的农产品电商运动，成功实现“一个核桃”的逆袭。随后，政府顺势而为，推出了“六位一体”的工作措施，通

过与平台合作、新媒体推广等途径，让成县电商从核桃逐渐延伸到多个农特产品，电商经济初具规模。其带来的启示是：当电商的工具与贫困主体有效结合时，只要有适当的政府推动，就能迅速展现出生机与活力。

二、吉林通榆县：政府委托，服务商驱动

地处吉林黑土地的通榆县在发展电商时，面临无人懂、无人干、无路径的尴尬情况。为了找到系统推进的突破口，通榆县引入杭州电商运营公司作为战略合作伙伴，共同注册“云飞鹤舞”公司，承担起电商规划、人才培养、产品打造、平台对接、政策研究等综合电商服务职能，而政府则配套做好资金项目落实和强有力的行政推动，在短期内破局。当然，这种破局经历了理念的种种碰撞、团队的反复磨合、执行上的艰难探索。其带来的启示是：贫困地区面临的思维、人才、资源等制约，如果自身难以打破，那么靠引进外力来系统推进也是可行的。

三、云南元阳县：让青山绿水“上网”，探索旅游电商

上海财经大学副教授井然哲在云南元阳县挂职副县长，他让元阳这片美丽的地方有了一场与互联网的“热切拥抱”。通过对当地梯田、古村落、丹霞地貌、民俗文化等优势资源的系统开发，综合运用农产品电商、众筹、旅游电商等工具，贫困地区的资源优势迅速转化为现实的生产力，旅游人数大幅增加，特色产品上线加速，当地的百姓与产业均受益良多。其带来的启示是：互联网时代的到来，让贫困地区追赶现代化的步伐空前加速，带给当地经济社会更多可能，特别是绿水青山真正通过互联网变成了“金山银山”。

四、黑龙江明水县：联合平台，激活要素

广袤的黑土地，农业条件十分优越，但在电商发展的征途上却显得步履蹒跚，观念、人才等都是重要制约因素。黑龙江的明水县选择了“背靠大树好乘凉”，在东北地区较早与阿里巴巴签约，开展了轰轰烈烈的电商下乡活动。该县先让当地的老百姓享受电商带来的便利，再通过与平台合作，把本地的产品逐渐搬到网上。这种以“下行”带动“上行”的做法，在一些贫困县逐渐成为普遍路径，但现实的问题是，农产品上行的难度远比想象中高得多，这是“牵一发而动全身”的系统改变，非一日之功可见效。其带来的启示是：当本地理念、人才等因素制约太大时，可以与大的电商平台联手，以示范带动当地的电商转型。

五、新疆阿克苏：网络“奇袭”，出奇“上位”

中国苹果的核心优生区在以陕西、甘肃为中心的黄土高原上，但新疆苹果却在这些年异军突起，特别是阿克苏糖心苹果声名鹊起。其中的重要原因是，阿克苏率先“占网”“用网”，掌握了互联网时代的主动权，通过在淘宝上开展苹果等土特产品的节庆式促销等一系列的网络宣传销售活动，尤其是“糖心苹果”概念的推出，避免了与陕西等优势产区在富士苹果品种上的正面竞争，并借助互联网推动地域品牌广泛传播，以“轻骑兵”式的网络“奇袭”迅速“上位”。其带来的启示是：一大批有地域特色产品的贫困县可以多一些互联网时代的“想入非非”，互联网能带来意想不到的“弯道超车”机会。

六、陕西武功县：发挥生态优势，体现精准扶贫

位居西安以西 50 公里的武功县虽然不是贫困县，但也有一定的贫困村和贫困户。作为阿里巴巴平台排名全国第 5 的农产品电商大县，该县在电商扶贫中充分发挥了电商生态优势，精准地对应到贫困村和贫困户。该县对适合电商创业的人进行免费培训和完善的供应链服务，实现电商“轻”创业；对贫困村的农产品，动员电商企业开展各类网上营销活动，产得下就能销得出，有的电商企业还反向定制农民的产品；电商带来的 2 万多个就业岗位完全可以给贫困户优先考虑。其带来的启示是：在电商生态发展起来后，电商扶贫也就触手可及。

七、安徽砀山县：突出优势单品，带动特产“上网”

安徽砀山县是以梨出名的，但其电商扶贫却是从黄桃罐头开始的。一群返乡创业的青年在认真研究网销形势后，将原来做贴牌出口的黄桃罐头做成了当红网货，“重温儿时味道”的文案在微信、微博等广泛传播，成百上千的砀山人加入了黄桃罐头网销大军，两年多竟然将这个单品做到 10 亿元。以黄桃罐头为龙头，一批砀山县网货陆续“上网”，特别是砀山酥梨借着成熟的电商、微商渠道也迅速“上网”。其带来的启示是：标准化的加工单品更适合在网上打造成爆款，然后带动其他区域特色产品陆续“上网”，形成电商的长尾效应。

八、山西隰县：做优做强生态，品牌引领发展

作为山西省 35 个国家级贫困县之一，隰县玉露香梨小有名气。

为了全面触网，做大产业规模，带动县域电商发展，该县请专业机构设计策划玉露香梨地域公共品牌及推广计划，按照电商生态的要求大力推广一户一码的二维码追溯体系，邀请有运营经验的团队运营电商众创园，建立农村电商扶贫培训基地，与顺丰等达成物流“快车”协议，培育县域内第四方物流，还举办玉露香梨采摘节，建立线下体验园，在较短时间内打造出一个良好的电商扶贫生态圈，电商实现快速发展。其带来的启示是：先进的理念和超强的执行力，可以让电商扶贫的进程更快一些。

九、河南光山县：立足优势产业，积极“上网”转型

光山县是国家重点扶贫开发县，也是羽绒服装大县，但近年逐渐跟不上市场形势了。该县借助互联网转型，羽绒服装网上销售额强劲增长，2016 年达到 30 多亿元，网店超过 15000 家，并通过跨境电商销往 80 多个国家和地区。政府出资专门奖励各类产品创意设计与深度开发，特别是羽绒服装新款的开发；挖掘“光山十宝”并建立生产加工基地，智能仓储物流、完善的售后服务体系让电商扶贫的供应链和产业链十分过硬，还以优惠政策从全国邀请各类电商企业和个人入驻，形成以羽绒制品为龙头、“光山十宝”为配合的电商扶贫产业梯队。其带来的启示是：立足优势产业，积极主动“上网”，完善电商供应链、产业链体系，形成电商扶贫新经济。

十、四川仁寿县：线上积极造势，线下常态跟进

仁寿县的电商初期是与京东的合作开始的，此后陆续与阿里巴巴等合作，在多个电商平台上建设运营多家“特色产品仁寿馆”，打造地方品牌。仁寿县以仁寿枇杷为先导，以主题营销活动为引领，带动

枇杷露等加工品和其他仁寿特产全面“上网”销售；连年开展网上枇杷节，除了形成大量订单，还带动本地枇杷销售量和价格齐增，更是将枇杷原浆饮料打造成网红爆品。此后，仁寿县又借助成熟的电商体系，通过线上线下相结合的销售模式，将仁寿血橙搬到网上，果子还在树上，村民就陆续接到了订单。其带来的启示是：电商不仅仅是线上的销售，更是有力的品牌推广，会带动产业的线下发展。

1.13 银行系的电商扶贫实践及其启示

就在各大电商平台轰轰烈烈地开展农村电商大进军的时候，银行系的电商业务也在不知不觉中上线。2015 年，电商扶贫成为风口，银行系的电商扶贫虽然有点像“羞答答的玫瑰静悄悄地开”，但取得的实效不可忽视，甚至在一些地方比其他电商平台的扶贫效果还要好。

银行系的电商平台多由过去的积分商城转化而来，随着积分业务越来越少，银行干脆把积分商城升级为电商平台，再增加新的商品出售，同时把它也转化为一个面向银行内部员工的消费平台。银行系电商平台有一个突出的特点，就是高度闭环化，平台是自己建的，客户是自己选的，产品也是自己推的，支付工具更不用说，交易完全在一个闭环内完成。

在电商扶贫开始后，中国银行、中国建设银行等先后依托自己的电商平台与一些贫困地区签订了电商扶贫合作协议。其具体操作模式是：签订协议确定某个地区的某个农产品在平台上的销售规模，然后银行系电商平台将这些产品推到自己的主页上，贫困地区按照要求完成供应链，最后银行系的员工和银行大客户用积分在平台上定向消费。这些平台可能客户数量并不是很多，交易规模也不是很大，甚至流量也确实不可观，但是成交的转化率很高，因为几乎是定向包销的。

由此可以看出，银行系电商平台的电商扶贫实质上是基于互联网的消费扶贫，而这一消费扶贫本质上又属于一种产品定向包销行为。有些做电商的人可能对银行系的电商平台不屑一顾，甚至认为他们从事的电商扶贫根本不符合电商的市场逻辑。但是这种偏见没有道理，只要实实在在地帮贫困地区卖了货，就是有效的电商扶贫模式。更重要的是，从过去扶贫的给钱给物、发种子发化肥，到现在的采购贫困地区农产品进行消费扶贫，已经实现了扶贫模式由救济式到开发式的转变，这是值得肯定的，也是扶贫模式上可喜的变化。

当然，银行系的电商扶贫也遇到了困难，农产品“上网”绝对不简单，其背后需要的供应链、产业链和电商服务链是复杂的，而且是贫困地区一时半会儿跟不上的。中国银行帮一个县销售苹果，刚开始农民装的货还能按要求来，到了后来就逐渐无法保证品控，导致客户的评价并不好。所以，无论电商扶贫还是消费扶贫，都要以市场之心行扶贫之道，遵守基本的市场规则是基础。

后来，中国建设银行在县里选择了一个靠谱的电商运营商，让其把产地的标准化等问题解决好，这样在产品上线以后，客户的体验感明显好了起来，这就为今后可持续地推出消费扶贫项目奠定了基础。

以上仅是电商扶贫遇到问题的冰山一角，还有包装不配套、物流费用太高、仓储设施特别是冷链设施不配套、人才不足、政府部门配合不到位等问题，都影响着电商扶贫的进展和效果。可以说，电商扶贫为了实现贫困地区农产品“上网”，它不仅仅是要做到可以卖，而且要搭建一个生态，这是一个系统性工程，复杂性远远超过预期。因而在政府与银行系电商平台或者其他电商平台签订协议后，千万不要以为这样就可以高枕无忧了。

电商上的这种消费扶贫不能仅仅看作一种短期行为，其实它也正在开启电商推动农业生产转型之路。目前的情况还是贫困地区有什么就在网上卖什么，应该逐步实现从销售端倒推供应链和产业链的改革，完成农业生产方式的转变。

当然，对于这一过程不可过于乐观和急于求成，这涉及当地政府、电商平台、种植农户和当地传统企业的协同问题，在一些县是很难协同的。

对于银行而言，如果觉得自己的电商平台运营有效，也颇有心得，就应该加速对电商平台的扩展增容，由目前的定向包销向未来的提前定制、众筹、领养等综合模式转变，加速产销对接、农旅结合，促进三产融合；也应该和其他电商平台一样，高度重视客户反馈的问题的针对性处理和大数据的积累、分析、应用，倒推产业源头的转型。还有非常重要的一点，就是加大平台的开放程度，吸纳电商各个要素参与，推动生态体系的加速完善。

总之，对银行系的电商扶贫政府是应该支持鼓励的，也应该进行阶段性分析和梳理，不断完善模式，使之成为电商扶贫的一个有效路径。

1.14 行动推动下的电商精准扶贫探索——陇南实践对当前电商扶贫的启示

陇南电商扶贫探索开始于 2013 年，2015 年年初被国务院扶贫办确定为首批电商扶贫试点，已经取得了较为明显的成效。通过观察和分析陇南电商扶贫，我们就可以看到电商扶贫的一般规律，对各地启示良多。

一、陇南电商扶贫的成效

从初步总结看，陇南电商扶贫已经取得了五个方面的成效：一是一批山货出山，已经累计销售43.5亿元；二是一批农民电商就业，目前电商及相关行业从业者为5.7万人；三是一批土特产品升值，木耳、香菇的价格涨了十几元，土蜂蜜价格翻了一番，农民收入增加；四是一批青年返乡创业，小段、张璇等青年电商典型不断涌现；五是一批政策措施相继出台，电商扶贫工作体系有模有样。

二、陇南实践对电商扶贫的启示

以成县为核心的陇南电商扶贫试点，将电商扶贫从理论变成现实，并初步揭示电商扶贫的基本规律，很有借鉴性。

陇南的实践表明，电商扶贫是可能的，因为已经有了五个基本的支撑。一是农村信息化基础有明显改善，特别是大部分农村宽带与手机上网的普及，具有决定性的意义；二是农村产业发展面临转型升级，产业扶贫不仅要解决产业发展问题，还要应对“卖难”和市场波动问题；三是农民的信息化应用正在转变，由单一的信息获取向综合的信息运用转变；四是一大批返乡青年和新农人群体的出现，示范带动了农民的网销网购行为；五是社会消费导向的转变带给贫困地区发展新机遇，贫困地区的好生态、好产品有了市场。

陇南的实践表明，电商扶贫是可行的，陇南的“五条通道”具有普遍性。一是网店带贫，乡村干部、大学生村官开网店代销，贫困农户开办网店自销，以及电商协会直接对接贫困村、贫困户；二是就业带贫，电商、快递物流、网货供应、网店装修设计、地方特色馆、电子商务园区、交易中心等提供创业机遇和就业岗位；三是平台带贫，通过第三方交易平台，陇南一方面实现工业品下乡以节省开支，另一方面实现农产品进城增加收入；四是信息带贫，陇南创办了集涉农政务、服务、资讯和电商于一体的一站式、个性化、移动化的公共服务平台，聚合电子商务富民、便民、惠民；五是工程带贫，以电商倒逼农村基础设施改善，倒逼农业特色产业结构调整，倒逼农产品标准化生产。

陇南的实践表明，电商扶贫是一个生态体系。一个完整的电商体系，至少包括前端的电商交易体系，如平台、网商；中端的电商服务体系，如服务商、金融支付、快递物流等；后端的产业支撑体系，如龙头企业、家庭农场、专业合作社等。我们经常看到的电商交易体系只是电商的一般外在表现形式，就像是一座冰山，只是浮在水面之上的九分之一，而九分之八却浮在水面之下。如果没有水下的电商服务体系、产业支撑体系，则所谓的电商只是浮冰，很快就会融化。到目前为止，陇南电商体系已经形成，让电商扶贫最终成为现实。

陇南的实践表明，电商扶贫需要行政推动，供给侧结构性改革非常重要。对于贫困地区而言，思想观念的束缚可能比自然条件恶劣更糟糕。电商扶贫启动之初，没有行政推动，特别是没有“一把手”的强力推动，很难打开工作的有效缺口，这是各地电商扶贫甚至是县域电商发展的重要经验也是教训之一。所以，电商扶贫一开始就是政府以政策和行政措施的有效供给来协同平台、市场主体等各方的力量，共同培植电商的种子，呵护它顺利发芽和茁壮成长。

三、陇南电商扶贫还需要注意的问题

陇南现在遇到的问题，其他地方将来可能也会遇到。

值得注意的问题之一是交通区位劣势。网上的近距离还需要现实的近距离来实现。一个重要的对照是，全国做新疆土特产的商家很多，如三只松鼠、西域美农、楼兰蜜语等，但运营在新疆的很少，最主要的是交通区位劣势问题，而交通区位劣势就意味着成本上升和便利程度不足；反而特产不突出的武功县成了新疆特产进军全国的一个重要跳板。目前的电商物流，靠政策补贴不是长久之计，必须在符合市场逻辑的基础上，形成区域性物流中心，把成本真正降下来，让电商基业长青。

值得注意的问题之二是区域品牌定位。到目前为止，陇南上线的农特产品和地方工业品已经不少了。从总体上看，以农产品为主的县域电商已经进入区域公共品牌竞争的阶段，没有像五常大米、阳澄湖大闸蟹、洛川苹果一样的区域公共品牌来引领，就无法摆脱同质低价竞争。问题是，陇南的电商区域公共品牌是什么？是成县核桃、陇南山珍、还是其他产品？

值得注意的问题之三是培育龙头企业。在千军万马步入大众创业之路后，需要一个领军式人物示范引领。

值得注意的问题之四是未来方向抉择。电商的前进没有停歇，电商的竞争日新月异，电商的发展没有界限，下一步的陇南电商会走向何方？从电商到互联网新经济，从电商扶贫到经济社会发展方式转型，或许是现实的选择！

四、继续推进陇南电商扶贫的建议

形象地讲，电商扶贫这个“孩子”长大了，“襁褓”和“奶瓶”已经不够了，我们需要多加考虑。以下建议供大家参考：

一是战略定位提升。从电商扶贫开始，向县域电商转型，逐步形成电商新经济，力争成为区域电商的中心，并进一步延伸相关产业链条，如包装印刷、产品研发与精深加工等。特别是农产品加工业的创新发展，事关发展后劲，必须用力。

二是建设区域品牌。借助陇南现有的电商扶贫知名度，用典型符号固化品牌认知，强化产品研发，增强市场竞争力，逐步实现品牌引领发展。

三是深化人才培养。把草根创业与企业转型、本地培育与招商引进等结合，从而形成“鹰击长空，鱼翔浅底”的生动局面。也要关注人才培养的差异化，初期农民都可以去开网店，中期、后期肯定要分化，分散到电商服务、仓储物流、产品研发等各个环节，需要深化培养体系。

四是不断完善生态。用好供给侧结构性改革思维，进一步补短板、降成本，以更加完备的政策体系推动形成强大的电商生态体系，让打造区域性的电商中心最终成为现实。

1.15 宿迁带给电商扶贫的启示

宿迁这个地方我并不陌生，2016 年我曾带领陕西青年电商集体到宿迁学习，大家开阔了眼界，感受很深。从产业如何布局、物流如何配套到花卉怎样包装、家具如何分包快递等，大家都留下了深刻印象。

宿迁在解决了温饱问题以后，贫困地区该如何发展农村电商，带动农村经济转型升级？宿迁农村电商的实践对电商扶贫有思维和方法上的诸多启示，我觉得最重要的有四点。

第一点，把市场化的机制运用好。

电商扶贫是基于商道的人道，商道行则人道行，商道不行则人道也难行。在宿迁我最大的感受是，无论花卉苗木还是家具，共同的特点是基于市场需求开发的，实现了供给侧结构性改革，市场要什么他们就卖什么。所以，一般的县开展电商扶贫，要认真研究网络市场，把适销对路的产品搬到网上。否则，要么无人问津，要么只能跟在别人的后面。

第二点，把政府的行政作用发挥好。

电商扶贫是打赢脱贫攻坚战的创新性举措，离不开政府的积极作为。在贫困地区，群众思想比较落后，没有人敢于尝鲜，初期的行政推动是必要的，而且有些电商要素也是非行政推动难以解决的。政府要顺势而为，及时调整政策，由简单的奖补向完善农村电商的生态、扶持优秀的创业团队和电商企业、进一步降低电商运营的成本等方面转变。同时，想方设法带动贫困、残疾等群体参与到电商中来，体现电商精准扶贫的应有之义。

第三点，把群众的积极性动员好。

走进宿迁的农村，家家开店，户户开展电商运营工作，形成了集群效应，物流成本也下降了，形成了一个良性的产业链条，大家在其中可以找到很多就业创业的机会。目前一些地方开展电商扶贫，仍然把眼光聚焦在几个电商平台上，吸引一两个龙头企业，试图通过它们把一个县的电商做起来。事实证明这样是很难的，还是要把群众的聪明才智激发出来，形成电商促进增收脱贫的“人民战争”。

第四点，把电商的产业基础建设好。

宿迁卖的东西，都源于自己的优势产业，如沭阳的花卉苗木，种植了五六十万亩，还形成了批发交易中心，配套兴起了现代化的温室，花卉苗木产业基础的强大保证了电商的红红火火。宿迁在网上销售的家具，产业环节也相当成熟，网上销售、家具加工、家具原料、家具运输等，已经形成了完整的产业链。反观一些贫困地区，往往出现的尴尬情况是，有好产品但是量不多，产品供不上、运不出。所以，要把电商做好，不仅要盯着如何在网上卖，还要盯着产业基地怎么建，产地的仓储加工包装怎么解决。

到一个地方参观学习，不是把一个地方的模式搬回去，而是要在思维和方法论上有新的启示。每一个地方的电商扶贫都有自己的特点，必须结合本地的实际情况，积极借鉴其他地方好的经验和方法，找到适合本地的电商扶贫策略，从而走上互联网时代的康庄大道。

第二部分

电商扶贫中的农产品上行

2.1 农产品上行需要“过五关斩六将”

农产品上行是目前农村电商的一个焦点问题，也是难点问题，虽然各方讨论很多，政府、农民的心情也很迫切，电商也在积极想办法，但依然没有达到预期的效果。究其原因，很重要的一点是，农产品生产和电商交易是两个目前差距比较大的体系，暂时还无法完全并轨。因为，目前的电商体系是为工业品而搭建的，农产品只是借助了工业品电商的通道，如果完全按工业品的标准来要求农产品，那么农产品会出现标准化缺失、包装储藏落后、冷链设施不全等问题。

由此我们也就可以看到，农产品电商问题，源头在于产业体系的问题。目前的工作，如果仅仅把上行问题的重点放在流通环节上，则忽略了产业链这个根本性问题。想要做好农产品电商，必须先实现农产品的互联网化，加快推进互联网+农业。

要想有效实现农产品的上行，涉及供应链、产业链、价值链等多个环节，需要“过五关斩六将”，逐一破解前进道路上的限制因素和瓶颈。

农产品上行要过的第一关是标准化问题。

目前要在电商上大规模销售农产品，标准是一个前置性问题，它包括三个方面：

第一个方面是外观标准化。过去的农产品是大堆卖，然后把外观标准化的问题交给终端零售商，由他们进行大小分级、颜色分类，然后按不同的价格出售。现在就要把这一个环节前置，在田间地头完成分级，至少要做到大小分开、颜色分开、品种分开、成熟度分开等。只有这样，才能让消费者在拿到农产品的第一刻有良好的体验感。

第二个方面是品质标准化。不能再一味地用一些噱头来做产品的宣传。从目前的趋势来看，一些进口或者高端的水果，已经开始用数字来说话，电商会告诉你，这一批水果的含糖量是多少，酸度是多少等。同时，电商可以附送速测仪方便消费者进行产品检测。今天的营销，需要更加精细化。

第三个方面是生产标准化。农产品上行一方面要实现以标准的生产来推动外观及品质的标准化；另一方面要顺应电商和消费者的需求，倒推产业转型，形成新的生产标准，与市场需求同步。特别应该注意的是，目前农业部门制定了许多生产性标准，基本是从生产角度出发的，现在应该按照市场的角度进行修订，与电商的要求相衔接。

农产品上行要过的第二关是安全问题。

建立适应电商的安全信任体系，需要借助电商平台，打通消费者和生产者直接沟通的有效信息通道，建立有效的农产品质量可追溯体系。由于现在二维码技术已经高度成熟，相关追溯体系也日趋完善，又有了智能手机这个最便捷的载体，只需轻扫二维码，消费者就能追溯到产品是在哪里产的、在生长过程中喷了什么药、用了什么肥、最终的检测合不合格等。

关于农产品安全信任问题，要避免走入以认证博取信任的误区。一些农产品为了证明自己的品质，已经连中国的有机认证都不做了，而改用美国、欧盟有机认证来吸引消费者，甚至用假的认证来欺骗消费者，这些都是不可取的，也无法获得消费者的认同。目前消费者最需要的是信息对称。

所以，政府要重塑农产品质量体系，以建立生产者与消费者的信任为基础，逐步推进更深入的质量追溯体系建设。

农产品上行要过的第三关是品牌问题。

随着农村电商的深入推进，大量的农产品“上网”，同质化竞争将会日趋激烈。如何在同质化竞争中取得差异化的营销效果，品牌是最终制胜的法宝。近些年，政府和企业都已经高度重视农产品品牌问题，也出现了西湖龙井、阳澄湖大闸蟹、洛川苹果等农产品地域品牌，农产品品牌化取得了阶段性成果。但是，农产品品牌问题的复杂性在于，一方面要由政府牵头打造的地域公共品牌为基础；另一方面又需要以大量的企业为主体，以市场品牌托举地域公共品牌，两者缺一不可。

对于农产品上行而言，大多数地区首先要解决没有品牌的问题。从地理标志、区域保护产品等入手，把一个地方的产品知名度先做起来。当然，也要注意，不能把申请一个地标产品当作培养成了一个地域公共品牌，两者有质的差异。申请地标产品，只是地域公共品牌的基础，后面还有复杂的品牌标准建立、品牌标识确定、品牌规划、品牌推广宣传、品牌授权管理等一系列问题。

但如果只注重地域公共品牌的打造，就会出现假冒伪劣产品层出不穷的问题。阳澄湖大闸蟹产量只有 8000 吨左右，可是市场流通量有 7 万吨之多，出现了“洗澡蟹”；五常大米产量只有 110 万吨左右，可在全国流通量超过 1000 万吨。主要原因是地域公共品牌的名气大了，大家都来借用这个品牌的影响力，导致产品鱼龙混杂，让消费者难以辨别。

所以，政府必须适应消费者的需要，按照市场的逻辑建立农产品地域公共品牌和企业市场品牌这一双品牌机制，主动培养、推广一批靠谱的企业，把它们的品牌推向市场。

农产品上行要过的第四关是渠道问题。

现在出现的误区是大家过于关注网络零售，几乎每个县都与阿里巴巴合作，都向淘宝要流量。2016 年中国电商交易总额约 26 万亿元，网络零售规模总共只有 5.16 万亿元，实物交易只有 4.19 万亿元。在如此狭窄的空间里寻求农产品上行的突破，何其难也！农产品流通规模高达 4 万亿元，零售电商平台能否承担起这样的历史重任？

所以，大家要放宽视野，农产品不仅可以在网上零售，还可以进行网上批发，更可以实现 O2O（线上线下结合），甚至走传统的线下渠道也可以。如果是大宗的粮油、蔬菜和水果，那么还是找一亩田、中农网、惠农网等网上农产品批发平台好一些，信息撮合可能更重要；如果是区域特色农产品，那么可以找阿里巴巴、京东等平台，美菜、链农等小型 B2B 平台也可以考虑；而对于那些非常有地域特色的小众产品，可以找农特微商。

农特微商不可小视，目前的农产品交易额增长很快，黄桃罐头就是一个在微商上爆发的典型产品，然后电商与传统商超市场才及时跟进。有赞、有量等微商平台，还有后来出现的拼多多等社交电商平台，都对农产品越来越重视，对于一些特色鲜明的地方特产来说都是可以考虑的渠道。

农产品上行要过的第五关是协作问题。

农产品上行是一个复杂的系统工程，不是单靠地方政府或一两个平台就能做起来的，必须从供应链到产业链再到价值链全面打通。在实现上行的过程中，一定要分工协作，电商企业怎么办、合作社怎么办、龙头企业怎么办、平台怎么办、政府怎么办等，需要分工明确。

对于政府而言，可以主导上行，但不能包办。重点是补短板，降成本，扶持市场主体。商务、农业等部门要密切配合，开通农产品上行的“绿色通道”。

对于平台而言，应该积极开放，将农产品上行作为电商“火箭”的“二级发动机”，拓展类目，多给流量，完善供应链体系。特别是一些贫困地区，电商要素不齐，相关配套设施缺失，电商平台应该与电商服务商和电商龙头企业一起，从源头开始改造，打通农产品上行的“任督二脉”。

对于传统企业、合作社、家庭农场等农业经营主体而言，应积极拥抱互联网，加大农业转型升级力度，按电商的要求生产适销对路的产品。从各地的实践看，传统生产主体最难转变的是思维。

新农人、电商创业者，以及想在网上试试身手的普通农民可以借助电商平台、微商渠道等，尝试将农产品搬到网上，拓展销售空间。但需要注意，要做良心生产、诚信买卖，并按照消费者的反馈，不断改进生产、包装、物流等环节，逐渐适应互联网的节奏。

总之，我们应对农产品上行的复杂性、系统性有充分认识，对其推进过程也应该有足够的耐心，最终通过各方的协同努力，实现农产品上行的突破。

2.2 贫困地区农产品“上网”的八种状态

农产品上行是电商扶贫的重要内容，从目前的实践来看，虽然已经取得了很多成绩，但面临的问题同样不少。从各地推动农产品“上网”的程度来看，我梳理出以下八种状态，需要我们反思和改进。

第一种，“养在深闺人未知”。大多数贫困地区的农产品是“默默无闻”的，可能生态环境很好，可能品质很佳，但缺少应有的知名度，无法在市场上引起足够的关注度。以农产品地理标志为例，全国 2800 个县区，目前总共申请到农业部、国家质检总局、国家工商总局颁发的各类地理标志、原产地保护产品等地域品牌的农产品也仅约 5000 件，一个县平均不到两件。

第二种，“衣衫褴褛人不识”。目前贫困地区的农产品在“上网”的过程中，面临没有包装、不会包装，包装不好看、不实用、不结实、“傻笨粗”等一系列问题，就像一个很有才华的人却衣衫褴褛，纵然“天生丽质难自弃”，也很难让人发现。这也是目前贫困地区农产品上行面临的重要制约因素，急需懂农产品的人到贫困地区实地调研，进行有效的文创、设计和包装改进。

第三种，“衣薄难耐寒夜冷”。与第二种状态相反，有的地区在推进农产品上行的过程中对农产品进行了过度包装，反而影响到农产品本身，包括进行过度宣传，随意贴上“有机”的标签，也包括进行不必要的外包装，不仅增加了产品自身的成本和快递的成本，还不绿色环保。这与电商目前在包装方面流行的简洁化趋势是相反的，大家需要认真反思。

第四种，“兴孛亡忽人嗟叹”。这种情况是指大家突然发现了一个产品很有特色，在短期内在网上进行大量炒作。结果，大量模仿产品、质量比较差的产品跟风“上网”，导致原有品牌形象被毁。最为典型的就是 2018 年春节因为《舌尖上的中国》第三季而火了一把的章丘铁锅，一度被卖断货，还有人翻墙取货，但半年之后就因为大量仿冒产品以次充好，导致铁锅产业彻底失败。这个教训是深刻的，政府和当地的行业协会还有生产主体，应该保护这些珍贵的地方品牌。

第五种，“万马齐喑究可哀”。虽然政府下了很多功夫，也有一些创业者很想努力，但是农产品“上网”的一些基本条件始终没有得到很好的完善，如网速不快，物流很贵，包装不配套，应有的仓储条件不具备，没有电商服务业等，还有一些政府承诺的优惠条件也无法兑现，导致大家伤了心。

第六种，“红杏枝头春意闹”。这是指在一种特色产品推出之后，虽然实现了规模效应，扩大了品牌影响，农民也获得了实惠，却在一段时间后形成同质化竞争，导致价格下降，利润变薄，进而导致生产环节偷工减料。对此，政府需要及时进行引导，贫困地区应进行品牌化改造、差异化营销和生产经营主体的有效分工，在要素的重新整合中，不断转型升级。

第七种，“一花引来百花开”。砀山的黄桃罐头、网红产品枣夹核桃，这类产品往往能带来众多的农村电商发展机会，但与带头人的创新尝试有很大的关系。能不能将本地某款产品打造成众人皆知的大单品，带头人的初期作用十分重要。

第八种，“前浪未曾输后浪”。大家应该关注传统农产品加工企业在网上的崛起，因为“淘品牌”的发展曾经也走过这样的道路。在海尔、格力这样的传统制造企业“上网”之后，没有加工厂的“淘品牌”就显示出底气不足的劣势，逐渐败下阵来。所以，现在有大量的农产品加工企业可以“上网”，或者还可以做农产品电商的代工厂。

2.3 农产品上行的思维要改变

怎样实现农产品上行？以农产品上行的现状而言，如果不在思维上做调整和突破，恐怕局面也难有大的改观。

目前的农产品上行，深受工业品上行的影响。在操作上要么集中打造爆款，塑造一个成功的案例；要么给补贴，大家都去开网店，想通过千军万马强行闯关。但从后来的效果看，结果并不理想。以打造爆款为例，农产品溢价空间本来就低，爆款走量往往依赖于低价营销，结果反而让正常价格的网商受到了冲击。如果让普通农民或返乡创业者都去开网店，由于现在同类产品的卖家已经很多了，那么他们后来居上的可能性微乎其微。

然而，农产品上行并不是徘徊不前的，而是处于积极探索之中。

本地的农产品，一定需要本地的电商卖出去吗？答案是不一定也不需要。以新疆红枣为例，其实在网上卖新疆红枣的大多不是新疆人，而是三只松鼠、西域美农等零食电商，这些都不是新疆本地的企业。从电商数据来看，东南沿海各省既是电商卖家最多的省份，也是电商买家最多的省份，交易额在全国名列前茅，其电商的发达程度不言而喻，农产品也不会例外。

本地的农产品上行，一定要在本地发货吗？也不一定。根据阿里巴巴的数据，陕西省武功县 2016 年农产品电商交易额排名第五，主要的交易类目是干果。可是武功县并不产这些东西，以西域美农为代表的一批电商，在武功县建立了运营基地，将新疆的干果集中运到武功县，再通过快递一件一件发出去。因为新疆的物流成本实在是太高了，而武功县地处中国地理位置中心区域，物流价格比较便宜。

是不是本地电商就一定需要在本地待着？也不一定。一个小县城很难让年轻的外地电商从业者长期待下去，所以电商企业出现了分离办公的现象。它的运营前端可能在杭州等大城市；它的运营中端可能在物流成本比较低的地方；而它的运营后端则需要建立在原产地附近。所以有的电商企业能注册在本地当然最好，因为要交税；如果不能注册在本地，但能很好地销售本地农产品，也是值得欢迎的。

自己生产的东西，就一定要自己卖出去吗？也不一定。对许多传统企业而言，事必躬亲不是最好的选择。在安徽的砀山县，大量的黄桃罐头从这里卖出去，但卖罐头的商家并不一定生产罐头，而是由罐头厂代加工，而那些罐头厂原来是做出口产品加工的，现在虽然国内市场需求量变大，却不一定需要自己去卖，给微商做代加工也是一种选择。把目光再移向义乌，小商品的“网批”现象已经形成很多年了，义乌的老板们不是自己在网上亲自卖货，而是招来全国的网上经销者，让他们分销，或者直接给他们贴牌。显然，政府在让传统的农业产业化龙头企业转型做电商的时候，也要在思维上有所突破，否则发展电商就是一件比较危险的事了。

是不是发展电商就要在网上把东西都卖出去？也不一定。京东与四川仁寿县共同举办了“E 路高歌枇杷行”的活动，把枇杷在网上炒“热”了，但其实通过网上直接零售的枇杷占全县总产量的比例并不高。然而通过这项活动，仁寿枇杷在互联网上的搜索指数快速增长，线下的批发价格也涨了，而且还把枇杷露厂的枇杷露饮品顺路捧红了。电商，有时候只是产业的一个“先锋军”，但不等于“主力部队”，所有的农产品都要在网上销售是不可能的，但却可以通过电商大大促进全面销售。

是不是发展电商，电商主体越多越好？也不一定。事实上，低水平的店铺同质化竞争是很严重的，很容易出现“千军万马挤独木桥”的现象。所以，成熟的电商体系可能只需要 20%的电商直接销售者，其他的 80%是从事配套产业链的。在浙江丽水的北山村，全村男女老少在网上销售的户外用品其实都是一家品牌商的，只不过共同分销而已。浙江丽水的遂昌县，在前几年就通过网商协会把所有农产品进行了标准化的集中包装处理，形成了“麦特龙式”农产品电商分销体系。

随着电商自身发展的迅速变化，农产品电商完全可以顺着这种变化加速创新，而且有可能实现弯道超车。电商与农产品应该结合得更紧密一些，思维上也应再突破一些。

2.4 农产品上行需要“S2B”模式

在阿里巴巴关于电商的一些新思考中，关于“S2B”模式的提法引人注目——要一步实现从 B2C 到 C2B 的转型比较困难，特别是中小企业，可能需要很长时间，于是阿里巴巴提出了这个新概念——S2B（Supply Chain Platform to Business，服务于中小企业的供应链平台）。在曾鸣的定义中，S 是一个大的供应（链）平台，主要用来保证质量，大幅提升供应端效率；B 是供应平台上的商家，可能是网红个人，也可能是专业的电商企业，主要是直接对接客户，而且依托平台实现与客户的低成本实时互动。

为什么要推广 S2B 模式？一方面，在流量竞争愈演愈烈的时代，平台可以建立强大的基础设施和供应链，但并不代表能争夺更多的流量，因为成本越来越高，也难以适应客户的个性化需求；另一方面，B 级商家——大小规模不等，企业大量产生，它们往往在自媒体时代积累了大量的粉丝和良好的口碑，但不一定有平台式的服务体系，一般也无法管理复杂的供应链。所以，结合起来是最理想的状态，最终的实际电商模式就是 S2B2C。

由此，我想到了农产品上行的问题。为什么农产品上行这么难，是平台根本不想实施吗？是网商不努力吗？是政府不支持吗？其实都不是。农产品上行困难的根源在于落后的农业生产方式一时还难以有效适应电商提出的高要求，标准化跟不上、农民意识跟不上、仓储物流包装全面落后、冷链设施不配套等，问题颇多。怎么解决？光靠平台是不行的，政府、平台、网商、传统企业和农民必须配合起来，协作打通农产品上行的通道，其中至关重要的一点就是供应链。

最近我看了很多案例，也与一些电商企业做了交流，感觉推行农产品上行的 S2B 模式很有意义。如果不把 S2B 里面的 S 定义为一般的大型电商平台，而是定义为具备供应链输出能力的电商企业，那么其应用范围会更广，这是农产品电商十分需要的。

先说两个案例：有一个企业开展消费扶贫，定向采购贫困地区的农产品，然后通过自有的网上平台销售，结果品控问题难以解决。这里面有农民意识的问题也有供应链企业能力的问题，而且越到后面情况越差，客户体验也不理想；另一个企业也开展扶贫活动，它事先找到当地较为靠谱的电商企业来做品控，于是活动顺利进行，各方都比较满意。显然，两者的差异就在于是否找到了一个可靠的 S 级供应链电商企业。

西域美农是农产品电商的龙头企业之一，2016 年以新疆干果等为主的农产品销售额为 6 亿元左右。它在业务拓展的过程中也感觉到了日渐增长的压力，依靠自己不断拓展线上市场需求的成本与日俱增。但它后来与新农人、微商合作，为其提供一部分供应链和成熟产品，实现了优势互补。这样，西域美农正在转型为 S，而与其合作的微商就成为 B，S2B 模式初见雏形。不仅如此，依托 B 的支持，企业还可以将触角进一步从供应链延伸到产业链，在源头按照电商的要求建立农业基地，C2B 又初现端倪。

越来越多的地方政府正在加大农产品上行力度，但却缺乏像西域美农这样的龙头电商企业来做供应链，一些小的电商在参加平台大活动后，迅速“溃不成军”。阿里巴巴、京东等平台也加大了农产品上行力度，同样也缺乏这样的供应链企业来支撑，对于S类的农产品电商企业的需要就更迫切了。

于是，我们就可以设想，一些龙头农产品电商企业其实是可以顺理成章地输出自己的供应链能力的，实现发展转型。一如曾鸣先生所言，“在未来的五年，最有可能领先的就是供应链平台，它们是一个数据化的平台体，会完成供给侧的初步的网络协同”。而农产品上行的格局也将为之一变，不再是千千万万个没有抗风暴能力的小舢板竞相出海，而是以若干S级电商企业为小中心的农产品电商“航母战斗群”重装出阵，整体的“战斗能力”将大大增强。政府在推动电商向C2B加速转型的同时，也必将更快地带动农业生产方式转型升级，让农产品上行的进程进一步加快。

2.5 农产品电商要少一些“自伤式营销”

这些年，为了尽快打开农产品上行的局面，不少地方虽然以很低的价格在短期内实现销量增长，但在大促过后，又回归平淡，这是因为促销惯坏了消费者，让他们不愿意再买正常价格的农产品，这是农产品上行过程中让人遗憾的一面。商业上有个名词叫“精准营销”，但这种打造爆款的方法很不精准，甚至是一种“自伤”行为，因为不利于后续的正常营销。

给大家介绍两个案例。某电商在促销时，选取了比较小的猕猴桃，以有机猕猴桃免费品尝的名义推出，消费者只需付几元邮费就可以免费吃一小盒，大家很高兴，平台也愿意给电商流量，每天都有大量订单。由于品质有保障，消费者品尝后觉得很不错，于是就买了正常价格的产品，这是成功的促销案例。还有一家企业也在做大促，它拿出了正品，以很低的价格进行促销，消费者也踊跃购买，在短期内有很大的流量和销量。但是当消费者品尝完以后却不愿意买正价产品，因为他们觉得商家把一百多元一盒的猕猴桃以三四十元的价钱出售，那猕猴桃一定不会值这么多钱，这是失败的促销案例。事实上，所有经过补贴的大促都会面临这样的问题。

与网上的大促相比，互联网界的补贴营销，也曾经被视为上位法宝。如曾经的团购业“千团大战”，恶性补贴等，都导致消费者享受低价成瘾，形成了一种恶性循环，补贴一旦停止，销量就下降，平台不得不进行反复补贴，这导致了互联网外卖平台长期亏损，赔本赚吆喝。红极一时的共享经济，无论共享单车还是网络约车，其实在前期也都经过大量的补贴，导致消费者被惯坏了，无法回归正常的市场价格。这些对正常的市场经济都是有害的，短期或许可行，但长期肯定不可持续。

急于在短期内扩大销售规模的心情是可以理解的，但方式方法一定要科学，不可急功近利，不可违背市场经济规律。最关键的问题是，这种靠大促吸引的用户基本不是目标用户，往往一哄而起，一哄而散。

正确的方法还是要让好产品自己说话，在宣传推广上多想一些办法，如文创、农旅结合、品牌打造等，给好产品一个优质优价的机会和逐渐成长的时间、空间。应该撇开那些所谓的“消费降级”偏见，尊重国民消费水平不断提升的总体现实，一切从消费者的实际出发，把农产品真实的声音传递给他们。我想农产品与工业品最大的区别就是，农产品里面有劳动者辛勤的汗水，有动植物自然生长的艰辛，我们应该尊重自然，尊重劳动，给出合理的价格，这才是可持续的。

2.6 从“无人知是荔枝来”看生鲜电商

现在我们有了生鲜电商和发达的交通物流设施，吃上的荔枝也已经比杨贵妃那时新鲜多了也方便多了。今天的生鲜电商是不是就没有问题了？并不是，甚至问题更多。

生鲜电商目前最主要的着力点往往放在终端。随着实践的深入，大家已经认识到生鲜商品和普通商品有很大的不同，生鲜电商面临三大难点：保鲜特别困难、损耗居高不下、没有标准化。但是，大家所做的一般是加强采后处理，在仓储上下大功夫，在“最后一公里”付出极大的艰辛努力。这样带来的结局是，配送成本极高，在消费者轻松体验的背后，往往是巨大的商业成本，这导致了生鲜电商长期亏损，很难赢利。怎样去破解这个问题呢？

经过这两年痛苦的实践与反思，大家终于认识到，生鲜电商只做终端是没有前途的，目前最大的瓶颈在于供应链。更根本的问题是如何在产地的源头选到放心的产品，如何能够保质、保鲜、放心地把它运送到城市，然后再通过“最后一公里”配送到消费者手里。

本来生活的负责人认为，生鲜电商与其在“最后一公里”下功夫，还不如在供应链前面的“一万公里”好好做文章。可以说，导致生鲜电商目前困境的固然有“最后一公里”的问题，但更艰难的是之前的那“一万公里”，可以说是长路漫漫，泥泞不堪。本来生活成功打造出的褚橙品牌，不可以简单归结为终端营销的成功，很大程度上归功于源头产品的优势。但我们往往将褚橙的热卖视为营销的胜利，忽略了这是由于优质农产品在互联网上被认可了，这导致我们在单纯营销的路上越走越偏。

生鲜电商这几年也发生了一些变化。如最后一轮融资高达几亿元的易果生鲜，定位已经正式被阿里巴巴调整为生鲜供应链。这就说明在目前的环境下，纯靠生鲜电商去赢利是不现实的，围绕大平台做好生鲜供应链，才更为现实，也是急需突破的短板。同时，也有大量的电商服务商开始向生鲜供应链转型。

在“民以食为天”的铁律下，任何不能满足消费者营养和味蕾需求的农产品，生命都不会太长久，我们要在根本问题上下功夫。

2.7 “只在此山中，云深不知处”——农产品上行中的有产无量现象解析

很多做农村电商的人都有一个深刻的感受，平时农产品很多，但突然来了大单之后就供不上货。这个现象让许多人感到无奈，我们针对其稍做一些分析。

首先，我们通常统计的农产品数量，是一个地域千家万户农民生产的总量，其属于同一个地域却不属于同一个经营主体。一旦要规模化输出，在短时间内迅速从农户手中收集大量的符合标准的农产品是很难的。如一个经营蜂蜜的农民，零零散散地在网上销售蜂蜜没有问题，但如果突然有个客户要买两吨蜂蜜，那农民可能无法满足客户的需求。

其次，我们可能把生产量与商品量混淆在了一起。如粮棉油、肉蛋奶等，因为一方水土养一方人，这些日常食用的大宗农产品产地往往也是消费的重地。所以，不是产量多少就有多少可以卖。如一个县的账面上有几十万只羊，羊肉的年产量大概有 10 万吨。实际上，这个县的自食量占到了 80%左右，实际上可供销售的商品量只有 2 万多吨，而这 2 万多吨又分散在若干个养羊的农户家庭之中和若干个小型屠宰场，很难集中起来。

最后，有时虽然有货，但是达不到标准。例如，可能电商要大一

点的产品，而生产出来的都比较小；可能电商要好看一点的产品，而生产出来的产品却不好看。

上述现象本质上是农业组织化程度低的一个外在表现，而非一般所说的信息不对称，假如有大的生产经营主体或强有力的生产经营组织，情况就会大不一样。所以，国家一直在致力于推动农业组织化程度的提高，在“大国小农”的情况下，通过发展合作经营组织来弥补这个短板是一个现实的路径。

从目前来看，电商平台没有精力深入到产地一线，新农人没有大的资金周转量来收储农产品及做配套的加工仓储，传统企业在市场没有可靠订单的情况下不敢贸然收购和加工，农民更是对市场的变动心有余悸，而一般的供应链企业在农产品方面普遍成长不足。农产品上行要想破解眼前的问题，就需要多方协同，如“政府搭台、企业唱戏”就是一种很好的思维，政府可以确定一两个想在电商上主打的产品品牌，然后集中各方力量优化供应链，提升产业链，拓宽价值链，让农村电商走上发展的正轨。

同时，一些农村电商经营主体需要进行转型。如一些新农人卖货能力可能一般，却熟悉电商的供应链，那就可以转向做供应链服务；一些传统加工企业可能自己品牌做得很一般，那就不如安心做一个代加工厂；一些经纪人常年服务于批发商，生意越来越难做，那不妨转型为电商做专业买手。农村电商绝对不是一个人可以“包打天下”的，而是电商要素的优化组合，最终形成从产业链到供应链再到价值链的完美连接，让各方都在合作中受益。

2.8 从好心获差评看农产品电商的城乡互信

先讲一个令人啼笑皆非的农产品电商故事。一个销售苹果的新农人为了优惠酬宾，从本来一箱 12 个 75＃规格的苹果中取出了中间 4 个，换了 4 个超大的 95＃规格的苹果，本想客户收到以后会很满意，但却事与愿违，反而收到了客户的差评，他感到很委屈。他把自己的遭遇说给我听，我平心静气地告诉他，这实际上就是城市人对于农产品标准化的看法和城乡缺乏直接沟通与信任的表现。

首先，城市人对农产品的标准化之难大多没有概念。见惯了工业品的标准化，却不知道农产品来自自然生产，是不可能达到这种标准化程度的。就一棵苹果树而言，树梢、树根、阳面、阴面的苹果的大小、色泽可能都有差异，更不会像工业品那样圆。这样，当苹果送到时，一般的城市消费者一定对标准化程度难以满意。

所以，我曾善意地提醒新农人，在做农产品宣传时美工要有度。事实上，城市消费者对农产品标准化程度不够的抱怨向来不少，特别是在消费扶贫中，总感觉不是滋味。

其次，传统的电商是基于信用开展的陌生人之间的生意，如果没有充分的沟通和信任，任何偏离商品描述的误差都会带来差评甚至投诉。正确的方法应该是沟通在先。如果是消费者自家食用，收到这样的沟通信息，按人之常情应该会给予理解；但如果消费者要送人，恐怕还是标准化的好。

但更多的农产品还是达不到理想的标准化，怎么办？特别是在目前的小户经营生产条件下，短期内达到像欧美发达国家的农产品标准化水平还很困难，那就需要加强沟通，探索如何建立产销信任了。

日本大地协会给了我们一个启示。20 世纪 70 年代，当日本人种的有机农产品刚进城时也不被认可，因为产品不够标准化，还有缺陷。所以，他们首先从宣传农产品的真实生产场景开始，邀请市民去生产基地了解真实的生产状况，让城市消费者接受农产品的不完美，从而为有机农产品的销售奠定基础。目前在农产品上行的过程中，消费者受工业品标准化的影响过深，陷入了宣传与现实之间的矛盾。现在要回到现实之中，从农产品宣传的真实性开始，逐步建立信任关系。不宜在有机农产品、欧美认证等噱头上做文章，而是从实话实说开始。

国内也有这样的探索者，如刘敬文团队的“维吉达尼”品牌。他们做新疆农产品是从传播真实的声音开始的：通过微博介绍那里的农民，展示农民的劳作场景，说明他们的农产品特点，特别强调真实性，让人产生信赖感。如他们卖农户阿吾提的鹰嘴豆，附上了阿吾提的照片，还附有重金属和农残检测指标等，向消费者保证品质。这样一种做法明显不同于一般的商品宣传，很快赢得了消费者的认可。

现在，越来越多的新农人已经意识到这个问题的重要性了，简化了美工，强化了对生产场景的介绍，为的就是以真实赢得信任。

当然，让城市的消费者接受农产品的不完美，不意味着农产品的标准化生产就没有提高的空间了，恰恰是有了消费者的信任，农产品的标准化才可以有的放矢地提升。基于电商大数据与便捷的社交沟通，新农人更应该知道消费者喜欢什么、不喜欢什么，从而有针对性地生产而不再是盲目地生产；也应该以密切的信任来推动订单化生产、标准化种植，建立规范的生产技术体系，在外观整齐度、内在品质一致性等方面下功夫，从而让农产品生产水平得到提升。

总之，我们不怕消费者的误解，只怕没有真实的声音，传播关于农业的真实好声音，是每一个农产品电商创业者应该学好的基础课。

2.9 从一把挂面看贫困地区农产品上行的包装问题

还是先从一个故事开始。

《舌尖上的中国》第二季十分火爆，陕北吴堡县的张爷爷手工挂面一夜之间走红了，然后网上出现了许多销售“正宗”张爷爷手工挂面的网店。有一个广东的朋友问我，能不能在这么多所谓的“正宗”网店帮他挑出一家真正正宗的网店。我给他推荐了一个我们一手扶持起来的、值得信赖的青年电商的店铺。然而，过了一段时间，这位朋友委婉地向我表示挂面一般。

到底是哪个环节出了问题？想来想去，可能还是在食用环节。我再次与广东的这位朋友交流，问他是怎么吃面的。他说，挂面煮好之后直接在汤锅里加上佐料。我不禁哑然失笑，告诉他在陕西没有人这样吃挂面，挂面汤要倒掉。如果要吃汤挂面，一般需要重新架锅，放高汤最好，清水也行，锅开之后打一个荷包蛋，放几片青菜叶子，然后把煮好的挂面下到锅里，加上辣椒油或切两片西红柿，一碗十分简单却色香味俱全的荷包蛋挂面就好了。广州的朋友说：“听你这么简单一讲，我顿时想流口水了，但是，挂面包装上没有任何说明啊。”我顿时感到十分惭愧，我们的包装确实不过关。

回想起这些年在网上卖挂面的经历，最早是用废报纸包装，后来换成了白纸，但纸上空空如也，没有文字，这让那些从来没有自己煮过挂面的买家不知所措。这次我郑重地给青年电商打了电话，给产品包装提了许多意见。半年之后当我再去当地扶贫的时候，他们已经有了新的包装，不仅有了产品的详情页，也在每一把挂面的包装上印制了吃挂面的示意图；如果消费者买一个礼盒套装，电商还会附送当地的一瓶羊肉臊子。包装的改进让消费者的体验明显变好。

事实上，贫困地区的人并不是不会包装，只是忽略了这个细节。好的产品有深厚的文化底蕴，完全可以用独一无二的包装来展现。然而这却是贫困地区农产品上行的普遍性问题，包装总体十分粗糙，尽管消费者可以接受贫困地区农产品的不完美，但这不应该就是贫困地区农产品固有的模样。

那么是不是改进包装的工作就到此结束了？当然不是。新农人需要延伸产品介绍，通过二维码导入链接，最好还能通过抖音等进行直播。一场原汁原味的直播可能胜过无数次殚精竭虑的策划。所以，一个好的包装往往需要更多地体现农民背后的故事，包装本身是平面的，但宣传应是立体的。

目前，各地都以前所未有的力度加快农产品上行，但上行过程也面临着许多现实的制约因素，其中产品的包装落后和细节粗糙，就是非常让人头疼的问题。所以，且不论要卖多少货，而是要先看这些货是不是合格的商品，有没有符合网货标准的包装。此前，我一再呼吁，农产品上行要坚持“功夫在诗外”，不要把前端的营销看得过分重要，后端的生产标准化、包装规范化，以及加入文创细节，都非常重要。

现在，我们需要电商平台帮我们卖东西，但我们更需要利用包装设计、文化创意的专业服务企业和人才帮助我们提升贫困地区农产品的包装档次，让其成为合格的网货。这也意味着电商扶贫政策需要朝此方向调整，而那些情怀满满的新农人也可以把更多的目光投向这里。

2.10 富士康上市带来的关于农产品代工厂的思考

2018 年 5 月，富士康创造了最快的上市纪录，募集资金数目惊人，这无疑是一场让人羡慕的资本盛宴。

富士康的上市引发关于企业发展定位的深刻思考，为什么一个代工厂可以做到这种程度，而全产业链的梦想为何又在一些企业身上不断失败？对于庞大的产业链而言，也许只要抓住一个环节就足以培养一个数亿元级的企业。虽然富士康上市的募集资金主要用于互联网工业平台的建设，但短期内它仍然是一家知名的巨无霸型代工厂。

富士康的上市也引发许多关于农产品电商的思考。长期以来，农产品上行饱受诟病，农产品上行的整个链条和体系迄今依然没有形成。所以，我经常引用这句话来形容目前的农产品上行格局，“农业还在 19 世纪，而电商却在 21 世纪，两者‘牵手’十分困难”。

症结在哪里呢？最重要的一条是本来就孱弱的农产品上行体系处于条块分割的状态，政府、平台、网商、传统农产品加工企业、合作社、农产品电商服务商等各大力量大多“各自为战”，缺少协同。尤其是作为农产品上行的重要一环，传统农产品加工企业的电商转型让人关注，也让人忧虑，其自身的电商转型可谓步履蹒跚。

与农产品加工企业电商转型的痛苦相比，广大电商创业者还在遭受另外一种痛苦，那就是包装加工不过关。随着网上商品销售的制度笼子越扎越紧，在网上卖随便包装及加工的农产品已经越来越难，一般的网商又不具备办理生产加工许可证的条件。

矛盾由此形成，一方面，农产品加工企业自有产品电商转型不力；

另一方面，农产品电商创业者饱受没有资质之苦。二者为什么不能结合呢？

在安徽砀山，数百个微商团队的黄桃罐头产品在网上都有很好的销量，但实际上卖的大多是几家出口企业的定制代加工产品。其结局是，加工企业几乎不费吹灰之力就扩大了产能，增加了利润；而网商、微商也有了合乎规定的网货产品，可谓合作共赢，相得益彰。

如果再将目光投向那些成熟的工业品市场，由义乌小商品市场引领的一件代发模式已经相当成熟，所有卖小商品的网商和微商，其实自己根本不需要拥有加工能力，只需要做好网上营销即可，其他问题都交给了义乌小商品代加工厂和经销商。未来，如果农产品电商也能达到这一程度，那么农产品上行的局面肯定会得到大大改观。不过，农产品和工业品大不相同，还需要再进行深入探索。

所以，如果自己做电商很难，农产品加工企业不妨也学一学富士康精神，做一做农产品电商的代工厂，既有可观的销量，也有不错的效益，何乐而不为呢？而且，分散的农产品上行体系也将得以有效整合，为更大范围的农产品上行奠定良好的基础。

当然，农产品代工厂的具体形式还有待商榷，可以是品牌的分销，也可以是贴牌代加工生产，也可以合作开发新的品牌，需要视具体情况而定。

2.11　加工过的农产品才容易出售

农产品电商很难做，很重要的一个原因就是农产品具有鲜活性，这会带来包装、物流等方面的一系列问题，不仅对供应链的质量提出了要求，而且对时限也提出了要求，更重要的是成本不能太高。但事实是，如果不向前进，不开发供应链，则根本无法保证供应链的品质，消费者会不满意；如果开发供应链，则占用的资金很多，回报的周期很长，对融资是极大的考验。

企业面临诸多问题，一般农户更没有实力开发供应链，农户手里握着好的农产品，就是没办法卖出去。

于是出现了另一种情况，把农产品进行深加工，突破鲜活性这个瓶颈，实现了标准化，也容易实现品牌化，农产品可以常年在网上销售，供应链的成本会大幅下降。

安徽砀山的黄桃罐头销量惊人。2016 年安徽砀山的农产品电商交易额大约为十亿元，其中约八亿元是黄桃罐头。为什么黄桃罐头实现了迅速崛起？原因如下：一个是赶上了消费风口，消失了近 20 年的黄桃罐头又“重出江湖”，引起了消费者竞相购买；另一个就是销售黄桃罐头的微商基本上没有自己的工厂，而是采用工厂定制的方式销售网货；同时，农特微商体系的成熟也成为重要推动力。如把黄桃这种不太好储藏、运输的新鲜水果变成可以长期储存的黄桃罐头，再加上传统加工企业的支撑，在网上销售就容易多了。

无独有偶，四川的仁寿县也在网上销售自己的枇杷加工产品。因为枇杷这种水果时令特征非常明显，上架货期也就是 20 多天，20 多天之后该怎么办？加工枇杷露的工厂将枇杷罐装，可以常年卖。枇杷露火了，带来了几个良好的效应：一是为应季卖不掉的和一些商品性比较差的枇杷解决了出路问题，二是拉动了经济，增加了税收。网上卖枇杷主要是为农民增收，网上卖枇杷露，就是工业品上行，不仅能间接带动农民增收，还可以增加县上的税收，并带来产业集聚、就业增加等连带效应，综合效益比较明显。

所以，当大家想把产自田间地头的原生态农产品搬到网上且面临诸多困难时，思维不妨变一变，多在农产品的深加工上下功夫。只要能加工，就能把季节性的鲜活农产品变成可以常年销售的工业品，也可以把单一的农产品变为丰富的系列食品，增加消费者的可选择性。更重要的是，这种标准化的工业品在上行的时候，困难就会小得多，也更容易打开局面，这也算是农产品电商在供给侧方面的一些改革吧。

2.12 正确看待农产品电商的同质化

随着越来越多的农产品“上网”，同质化竞争的问题日益严重，如何看待同质化、有效突破同质化，是摆在农产品电商面前的一个现实问题。

同质化有一个观察范围。可能在一个小的地方出现的一些新产品，未必有同质化的问题，但放到一个大的地方去看，就会有同质化问题。在没有电商的时候，大家在一个小县城卖新的东西很受欢迎，但是当大家上了网却发现，全国卖同类东西的确实太多了，同质化的问题几乎难以避免。

同质化有它的存在机理。它总是与需求相关联，大量同质化产品的产生一定也与大量需求相关联。农家乐这些年同质化严重，但总体生意不错，因为城市人来得多，需求旺盛。目前的流行产品如枣夹核桃，卖家很多，大家还能相安无事，也说明需求量很大。所以，很多同质化的产品还是可以卖的。

同质化是一个动态过程。在同类产品多了以后，竞争要激烈到一定程度，才可以叫同质化，这时，差异化就会在竞争中产生。其动力可能是需求推动的，如很多人成家立业后，就从淘宝转向天猫或京东购物了，因为品质更好；也可能是从供给侧主动进行的，如电商引进大量的外国产品，进行产品创新。同质化的东西达到一定的数量级，消费者和供给者都有了不满足感，差异化才会大量显现。

打破同质化要适应市场发展程度。如果过于标新立异，那么也会适得其反。曲高和寡、脱离现实需求的产品，难以取得成功。

价格战是破解同质化的笨办法。创新产品很难，而且还有风险，即市场反应有可能不好。打破同质化的一种方法是价格战，不需要任何创新，消费者也高兴，还可以打击竞争对手。但最终的结局往往是“杀敌一千，自损八百”，对产业而言很不利。

打破同质化有一个度。不是所有的同质化都需要从根本上改变，有一些差异即可。如“人有我优”，我在各个方面比你强一些，就能显出差异化。

打破同质化需要创新成本核算。如果创新可以带来较大收益，那么就是可以进行的。但如果投入过大，短期内回报很低，那么大家就不会进行创新。所以，许多农产品电商采用了跟随战略，别人卖什么，自己就卖什么，不想付出创新成本去冒险。

打破同质化还必须考虑差异化的区隔能力。网上难以保密，也缺乏对知识产权的有效保护机制，仿冒的东西不断推出，于是新的差异化很快又变为新的同质化。但率先产生差异化产品可以获得超额利润，也可以获得品牌优势。所以在有足够把握的情况下，我们要不断尝试新的差异化。

当前的农产品电商已经进入了由同质化向差异化转变的阶段，具体表现就是竞争越来越激烈，流量越来越难获得，新的需求又很旺盛，这时就应该及时调整产品线，向差异化迈进。产品创新、创意传播、品牌体系、社交信任、个性定制等，都是应对同质化的良好策略。

2.13 农产品电商要学会“教育”消费者

在经过一系列的包装、营销、引流之后，许多农产品在电商上的表现并不尽如人意，反倒是那些利用消费者心理弱点的悲情式营销效果更好。

城市的消费者无论被所谓的助农营销挟持还是被农产品安全谣言吓坏，其背后都隐藏着这样一个事实——城里人的农产品常识是比较匮乏的。而农产品电商种种悖论的背后，心理上的不信任是重要的问题之一。

一个重点问题就是要“教育”城市的消费者，让他们知道真实的农产品是什么样子的，是怎么生产出来的，到底安全不安全。“教育”城市的消费者是必要的，但也需要正确的方式。但可惜的是，在这一点上许多电商又走偏了，它们拼命在认证和背书上下功夫，结果引发了更多猜疑，而鱼龙混杂的认证与假认证更让问题雪上加霜。显然，破解这一困境，需要各方共同努力。

首先，“教育消费者”需要从真实展现农产品生产的过程开始。农产品电商需要告诉消费者，农产品其实并不完美。同样一棵苹果树上的苹果，大小、颜色、味道都可能有差异，每一个苹果也绝对不可能像画中的苹果那样又红又圆。道理其实很简单，就像世界上没有两片相同的树叶一样，自然生产出来的东西怎么可能像工厂模具化生产出来的东西一样？

其次，“教育消费者”要淡化对农产品的过度包装和营销。有时，越注重外在包装，消费者在收到农产品的时候体验感可能就越差；文案写得越煽情，消费者在收到农产品后的失望就会越大，差评就会越多。

再次，“教育消费者”要重视体验和参与感。许多时候，百闻不如一见。当你把消费者邀请到田间地头后，他对你的信任感会明显增加。很多新农人会定期邀请消费者走进田间地头看一看。即使消费者不能前往，新农人也会通过互联网，让消费者实时看到农产品生长的状况和田间管理的场景，让消费者感到放心。

最后，“教育消费者”要加强日常的农业科普。农产品领域应动员更多的科学家和有志人士，把枯燥的农业生产写成各类可读性强的科普读物。例如，果壳网上有一篇讲解奶牛为什么会产奶的文章，内容形象易懂，日本人甚至专门资助牛奶科普书的出版。目前对于我们的农产品宣传而言，恰恰缺乏这样的好读物。

“教育”消费者并不意味着居高临下，而是说当我们向城市的消费者做农产品宣传时，一定要传播农产品的真实“声音”，让他们成为有一定鉴别能力的农产品消费者。这项工作离不开大家的共同努力。

2.14　农产品变“奢侈品”不可取

这些年，天价农产品的噱头不时出现，让人觉得农产品似乎也可以“贵族”化了，这样利润空间便不成问题了。但实际情况是，那些天价的东西虽然吸引了用户，但何时真正市场化过？

天价的农产品不好卖，贵一点的农产品也不好卖，其中包括农产品衍生出来的食品。

以恒大冰泉为例，初期定价五元多，明显比竞争对手农夫山泉贵了近一倍。饮用水是典型的快消品，如果一年只喝一次，尝尝恒大冰泉未尝不可，但一年若要喝许多瓶水，还是选其他牌子更加经济实惠。

还有一种说法，恒大冰泉是参照法国依云定的价。但依云矿泉水一瓶十几元，恒大冰泉才五元多，两者品质差不多，恒大冰泉价格低了不少，为什么却不好卖？

一方面，依云矿泉水在国内高价不代表在国外也高价。在法国，依云矿泉水一瓶约 0.5 欧元，折合人民币 4 元左右。若再按平均购买力测算，只怕依云矿泉水和一般饮用水价格差不多。

另一方面，依云矿泉水价格高是中国品牌营销的结果，使其在消费者心目中地位很高。依云矿泉水的高价位是品牌溢价，而不是水本身带来的。直白地说，喝依云矿泉水是一种品牌的享受，解渴、健康倒在其次了。而恒大冰泉把宣传重点放在长白山的水质上，却在自身品牌价值上塑造不够。

所以，恒大冰泉不是水不好，而是品牌定位出了问题。后来恒大冰泉全面调价，价格与农夫山泉基本一致了。假如恒大冰泉当初就把竞争对手定为农夫山泉，真刀真枪地在市场上大干一场，“皇上”纵然拉不下马，夺取一些市场份额却是可能的。

从农产品到“奢侈品”究竟有多远？

想把农产品打造成“奢侈品”，确实不容易，原因如下：

其一，现在人们还不完全愿意为农产品付出溢价。人们今天的消费还没有从“面子”消费转入“里子”消费，为房、为车、为衣服、为首饰、为美容等“面子”花钱感觉是值得的，而为自己的健康、为自己的饮食多花钱人们往往觉得不值得。因此，要把农产品打扮成“贵族”模样比较困难。

其二，好一点的农产品贵一些是可以的，也有人愿意为此买单，但贵得离谱的“奢侈品”式农产品绝对没有大的市场。不管放眼中国，还是放眼全世界，随着经济水平的提升，食品消费在人们的支出中比重越来越小，而越发达的社会农产品价格就越低，其中有技术进步的因素，也有政策补贴的因素。国外的有机食品一般价格比普通农产品贵 20%，再贵的一般也不超过 50%，可是中国的有机食品很贵，普通人大多消费不起。

其三，把一个农产品打造成“奢侈品”不是不可能，但要花费许多精力和时间。“牛爸爸”品牌的牛肉面，一碗面要上千元，却还有人吃。他家的牛肉是从几种肉牛中精选不同部位熬成的，风味独特；再加上祖传工艺、永不倒掉的老汤、限量供应等卖点，一经媒体发酵，便引来四面八方的“顶级吃货”关注。可一般的农产品，哪能下得了这样的功夫？有的时候，哪怕产品有百分之一的差异化，就有可能会带来百分之几十的价格差异。但可惜这种差异化农产品非常难做，因为每个人的口味不一样，最终的结局往往是“羊羹虽美，众口难调”，产品评价不一，市场认可度不高。

其四，不要只看“奢侈品”的价格高，更要看其品牌内涵，仅品质超群也不一定能撑得起“奢侈品”。一些农产品品质真的不错，但却没有卖出理想的价位，这就是商品与品牌的差异，也是优品与极品的差异。为好的商品多付费是值得的，却有限度；但为品牌花更多钱的人却大有人在，这已经不是技术问题，而是文化问题了，此时的消费也不是物质消费而是精神消费了。

当然，农产品的定价机制还受到一些特殊因素的制约，如稀缺性。因为农产品有区域性，其他地方生产不了，而市场需求又大，最后才导致价格一路走高。

2.15 农产品上行不可盲信“酒好不怕巷子深”

在目前的农产品电商发展过程中，很多地方也包括很多农产品电商迷信“酒好不怕巷子深”的传统说法，这就陷入了盲目自信的误区。这个误区，可以从以下几个方面来分析。

首先，“酒好不怕巷子深”是有前提的。我们看到的“酒好不怕巷子深”现象，其实人家已经是“酒好”之名远扬，积累了大量粉丝，形成了口碑传播，慕名而来者自然也就不大计较巷子里面多出的几步路了。而现实的情况是，巷子口的几家店东西卖得快些，而最里面的门店生意差些。菜市场表现出来的情况更直观，方便更占主要因素，菜好也怕摊位“深”！所以，临街的摊位往往东西会贵一些，自然是有道理的，也符合一般规律。由此，看别人家的东西，想自己家的事，咱的“名”扬开了没有？

其次，“酒好不怕巷子深”的“酒好”不是自己说的，而是大家说的。也就是说，自己认为自己的东西好，这是“自恋”，并没有市场基础。更别说一些人还埋怨消费者不识货，那更是比较严重的“自恋症”了，因为大家根本就不认识你，如何选择你？所以，如何让消费者了解你的好东西，是一个非常现实的问题。

再次，“酒好不怕巷子深”，能达到“不怕”的程度，那是需要硬功夫的，更需要时间来积累。一些老店世代传承，只做某一样东西，最终闻名遐迩。没有“工匠”精神，没有长年坚持，没有始终如一，只怕很快就会淘汰于无情的市场竞争之中。所以，“大练内功”才是根本，任何表面化的营销都不会长久，百年老店不是一天炼成的。

最后，要达成“酒好不怕巷子深”，就应该正视现实，扬长避短，力争“巷内开花巷外香”。吆喝自然是基本功，不为人所知，特别是积攒不下第一批忠实的粉丝，只怕会很难做下去。当然，今天的互联网已经让吆喝变得简单又便捷了。阿克苏糖心苹果就是通过互联网传播开来的，若是在线下，其很长时间内都不可能突破陕西、山东苹果的挤压。因而，学会吆喝，特别是勇敢地走出“巷子”去营销，是许多地域品牌和新农人商业品牌需要做的。

当然，“酒好不怕巷子深”局面的形成并不简单，需要辩证地看，务实地做，不能从一个极端走向另一个极端，千万不能为虚名所累，为表象所误，把一些自己人的礼节性赞叹当成了基于市场的“好评”，那结局可能也是灾难性的。如微博营销就存在叫好不叫座的问题，转发量挺大，浏览量惊人，但是转化率很低。这个时候还是要回到“酒好不怕巷子深”的本质问题上：你的“酒”是不是真的好？

2.16　为什么质量好的苹果在网上反而卖不动？

这几年，网上卖陕西苹果的店一下子多了起来，淘宝上有上千家店，微商也在纷纷刷屏。让陕西苹果“上网”是一件好事，但后来演化的一些情形让人担忧，也让一批卖好苹果的人很受伤，这就是优质难以优价，好苹果反而卖不动。

这个问题的本质是同质化竞争的问题。不仅仅是农民，中国的很多企业都有这样的情况。因为创新的成本很高，而知识产权的保护力度又不够，任何一个创新型产品推出之后马上就有跟风产品，大家只能在低价竞争的泥潭中互相“厮杀”。所以，农产品同质化和低价竞争是必然现象。你如果想“杀”出来，就要比别人付出更多的努力，现在大家能看得到的努力方向就是品牌化，但品牌化是非常难的事情。

农产品的品牌化包括两个方面，第一，农产品的品牌首先要有区域公共品牌的支撑。没有区域公共品牌，消费者不会买你的产品，你喊破了嗓子也没有用。第二，让区域公共品牌和企业的市场品牌相结合。

但即使是双品牌，消费者还是有可能不买账，这里面有更复杂的信任问题。因为造假现象比较猖獗，大家对一些所谓的质量认证信息缺乏信任。要做品牌农业，让消费者信任是一个大问题。我们不能操之过急，要一点一点形成口碑，一点一点建立信任，一点一点积累客户，用品质吸引客户，用充分的信息公开赢得客户信任，再用互联网技术提升可信度，如展示生产过程，质量可追溯，产品标准化等。

品牌农业面临的挑战还不只这些，价格是更伤人的利器。物美价廉是企业追求的一般目标，但农业往往是一分价钱一分货，人不识货钱识货，因为硬成本很难降下来，而溢价空间又打不开，只能按大家心理上的“高价”运行，难免会陷入“曲高和寡”的境地。

但是，对于那些价格高的好苹果而言，没有其他选择，只能坚定不移地走品牌化路线，线上线下一体化，但需要定位更精准，玩法更细致，商家要想方设法建立与消费者的互信关系，让消费者愿意为品质买单，而不是陷入低价营销的陷阱，只有如此，品牌才能一路健康地走下去。

2.17 陕西苹果电商的转型

2014年以来，陕西苹果在网上的销售明显发力，许多电商看上了陕西苹果，也有许多苹果基地县的年轻人回到了家乡在网上卖苹果，更有数不清的微商在做陕西苹果的代理，于是很多人的朋友圈都多了几分陕西苹果的吆喝声。但要从原来的产地批发转化为网上零售，其中的种种不适应还是很明显的，要走出一条适合陕西苹果的电商之路还需要进行艰苦的探索。目前，套用一般工业品电商打造爆款、“烧流量”的模式来主推苹果，难免会陷入高成本和低价营销的陷阱。而在标准化及质量控制、快递物流等方面，也存在着短板和不足，陕西苹果电商转型是必然的选择。

第一，需要对苹果的标准化按照电商的要求进行改进。由原来的重视技术标准、生产标准，向重视商品标准转变。要从消费者角度，对现有的标准体系进行修订，在外观标准、内在质量标准和相应的生产标准方面进行一系列调整。然后，要按这个标准，在第一个关口实现符合电商要求的苹果标准化，包括高水平分拣线，科学的冷链，以及符合快递物流特点的包装和运输。

第二，要解决好安全和质量信任问题。农产品的安全和质量，核心是一种信任。在产销信息不对称的情况下，任何农产品质量安全上的谣言，都会严重动摇消费者的信心。要恢复消费者对农产品质量的信任，就要有安全的生产措施，就要建立追溯体系，但更重要的是，要把农产品生产的真实信息传递给消费者。

第三，要对地域公共品牌和企业市场品牌进行有机结合，打造好双品牌。洛川苹果的品牌价值已经达到687亿元，这样一个大的地域公共品牌，显然在网上是有卖点的。但是，企业如果没有自己的市场品牌相配套，大家都借用这个公共品牌，就会出现鱼龙混杂的情况。现在，消费者可能更关心吃什么品牌的洛川苹果更放心。所以，现在的苹果电商要勇敢地打造出自己的市场品牌，消费者记住了你，也就记住了洛川苹果。

第四，要合理规划电商的销售渠道。洛川县的苹果产量有 90 万吨，陕西苹果产量超过 1000 万吨，这么大的体量，仅仅靠网络零售是非常困难的，需要同时进行网络零售、网络批发、线上线下融合和传统渠道的数字化营销。特别是在新零售方面，要捕捉最新的生鲜电商的趋势，打通线上线下的樊篱，进行传统批发市场、直销门店、网上店铺和相关网络化营销渠道的系统性整合。

第五，各方力量需要进行有效协作。无论对政府而言，还是对电商平台而言，大家需要协同努力。政府要认识到电商的趋势，出台更多鼓励苹果电商发展的政策，商务部门、农业部门及市场监管部门应加强协作；平台对于这样一个大的产业，应给予相应的支持；传统企业应该积极进行电商转型，大的电商企业应该完善供应链体系，而传统的合作社、家庭农场应该按电商的要求进行生产转型。当大家能在一个大的苹果电商生态圈有效协作、发挥各自优势时，许多现在的问题将不再是问题。

第六，要对苹果电商营销模式进行改进。不可再走传统的打造爆款的路线，如果在网上拼价格，将注定陷入低价营销陷阱，亏损严重，我们要开展差异化营销。新疆阿克苏苹果在网上实现逆袭的一个最重要的突破点就是，根据南方消费者喜甜的特点，提出了糖心苹果的概念。陕西苹果的特点是什么？洛川苹果的特点又是什么？例如，洛川苹果适合带皮儿吃，就是一种很好的宣传。我们完全可以通过直播将洛川苹果介绍给更多的消费者，我们也可以请网红来陕西进行体验和分享。

当然，苹果要在电商上卖得更好，还需要一定的时间，农民的思想观念转变需要时间，供应链的短板弥补需要时间，各方力量的协同也需要时间。

2.18 内蒙古“软黄金”产业的困境及电商转型

羊绒被誉为“软黄金”，羊绒产业是内蒙古的地域标志性产业。但在多种因素的影响下，这个产业现在遇到了困难，价格上不去，出口不理想，电商转型不顺利，低价竞争挡不住，痛苦也就在所难免了。

为什么“软黄金”产业这几年遇到了困难？

其一，受国际贸易大环境的影响，出口受到金融危机的持续影响，国际商品价格总体水平下滑，这些都对以出口加工为主的羊绒企业造成了严重影响，因为代加工和贴牌的利润是十分微薄的。

其二，电商的火爆带来了影响。当河北清河的羊绒制品在网上火爆之后，就意味着内蒙古的羊绒产业不可避免地会受到影响，因为电商的价格一般要便宜一些，而且清河率先形成了电商产业链条，进一步拉低了行业成本和价格水平。

其三，消费的风口也在发生改变。羊绒的生产是以高昂的生态成本换来的，但在绿色环保理念日益流行的现在，一些消费者对羊绒产品的购买逐渐谨慎起来。同时，羊绒的替代性材料不断涌现，保暖效果、舒适度不差多少，而价格却低了很多，于是减少羊绒的含量而增加其他材料的含量的做法在服装行业开始流行。更重要的是，这样可以进一步丰富款式，迎合了“小量多批、快速翻单”的时尚快消品时代。而传统羊绒制品款式少、价格高，竞争劣势进一步显现。

与大量的服装企业紧盯国内消费市场升级一样，羊绒企业也纷纷出口转内销，从贴牌到自创品牌，紧跟时代形势，向电商转型。但现实的情况并不理想：起步晚，理念落后，人才匮乏，转型吃力。

从近年服装企业的电商之路来看，大体已经历了五个阶段：第一阶段，网上卖尾货；第二阶段，网上发新品，但进行款型区隔，即所谓的电商专款；第三阶段，品牌区隔，开发网络新品牌，专门应对电商，但消解了主打品牌；第四阶段，渠道区隔，要么舍弃线下，要么主营线上，一些所谓的线上线下同价，其实只是将线上作为一个展示平台；第五阶段，线上线下融合，取消多品牌策略，将电商与线下合并，重新按产业链划分事业部，同时进行后台管理与数据融合的重大重组，真正实现线上线下一体化，消费者既可以线上购买，线下提货，也可以线下体验，线上购买，还可以把实体店当作试衣间、退换点。服装品类最大的亮点就是优衣库等线下品牌的逆袭，而其法宝就是率先进入服装电商第五阶段，内部已经完成了业务流程的数字化改造和营销体系的相应转变。

内蒙古一些羊绒企业的电商发展还处于初级阶段，据此，我对内蒙古羊绒电商提出以下建议：

（1）坚持向一线电商品牌看齐，特别是向迅速上升的传统企业电商品牌学习，深入研判服装电商趋势，坚持站在最前沿来谋划，避免因亦步亦趋导致始终落后于电商整体节奏，出力不讨好。

（2）下决心转变思维，从消费者的角度出发而不是从企业生存的角度出发，认真研究消费者的现实需求，研发适销对路的产品，避免初级思维，应向电商思维转型。

（3）各个企业自身应该精确定位，不是每个企业都适合做电商，这与企业的一把手思维、企业文化、人才储备、市场定位等诸多因素有关。对一些企业而言，不是自己把产品通过互联网卖出去才叫作电商，成为供应商也叫作电商；通过零售端一件一件地卖出去叫作电商，而通过批发平台一堆一堆地卖出去也叫作电商。义乌小商品城很多企业的转型只是把批发业务搬到了网上，成为定制型供应商，形成独特的“网批”现象。

（4）对于人才等瓶颈问题，抱怨没有用，找到解决办法才是王道。如一些企业在县以下，电商人才普遍年龄小，他们肯定不愿意待在乡村，那为什么不把前端运营放在城市里？现在一些大的电商，前端运营可能在杭州，而中端在交通便利的县城，后端的生产可能在偏僻的乡村。再如电商人员的管理，他们的业务高峰在晚上9—11点，不能按一般的早晚打卡上下班来管理。还有，对企业内部电商人才的挖掘要更进一步。所有这些问题，归根结底是企业主要负责人的问题，老板思想不解放，电商也就不可能得到大发展。

（5）打造品牌，更要研究品牌的内涵。不是注册了自己的名字就是品牌，没有实力，没有长期作战的思想，一年半载就指望出业绩是十分困难的。但如果横下一条心，全力以赴，也许三五年就会有一些起色。唯快不破的互联网精神并不适合一般中小企业，苦练内功在今天尤为重要。

电商发展瞬息万变，当我们还在讨论一般意义上的电商时，互联网的下半场却已经悄然而至。电商与传统产业融合的全面提速，对于传统企业来说可能是好事，也可能是坏事，因为这一次如果不能弯道超车，那么不仅电商做不成，可能连传统市场也做不成。形势十分严峻，只能撸起袖子加油干了！

2.19 菜市场对生鲜电商的启示

如今，菜摊上微信和支付宝收款基本普及了。为什么菜摊会乐此不疲地推广支付工具呢？有几个原因：一个是便捷，收钱、找零钱总是一件很麻烦的事情，如果摊主收到大额面值的货币还会担心是假币，现在一切烦恼都解决了；再一个是零头攒下了，过去买菜，10 块 8 总要减到 10 块 5 才好算账，11 块 2 则只好舍去两毛钱，现在有了支付工具，零头一天攒下来也有不少；再来，激烈的市场竞争让几家支付平台在线下推广时都采取了优惠措施，商家也有甜头可赚。

菜品的展示也有了一些变化。原样子的菜多了，如莲藕，大多数都是原生态的，表面上有土，关节处还有一点发黑。为了验证莲藕里面很好，摊主还会现场掰断让客人看。而卖菠菜的招牌上则会写着“绝对干菜”，意思是这些菠菜从地里拔出来之后就直接摆到了摊上，没有在河水里洗过，更没有喷水保鲜。

消费者对菜市场的品牌也重视起来，菜市场里卖肉的有好几家，但是本香专卖店里人最多，还需要排队。显然，产品稍微贵一点，品质好一些，店面的环境干净一些，服务态度好一点，大家就愿意多花一点钱。

菜市场对目前的生鲜电商有一些重要的启示。

首先，要在提升体验感的问题上做文章。在菜市场，消费者可以现场看，现场尝，现场比较。盒马生鲜的火爆及一些 O2O 电商受到热捧，也充分证明线上线下结合的新零售是未来的方向。

其次，网上的营销理念需要改进。在网上购买生鲜的大多数是年轻人，他们基本上没有见过农业生产过程，不知道农产品的真实模样。于是，生鲜电商在网上的产品展示和宣传推广，基本套用工业品的套路，使劲儿做美工，但是生鲜产品的本来面目并不是这样，常常会导致顾客消费体验变差。

再次，努力促进生产者和消费者之间的互信。农产品的安全问题一直是中国消费者的心病，吹得十分离谱的各类有机认证绿色食品“满天飞”，而各类农产品安全事件照样层出不穷。我们必须传播更多农产品“真实的声音”，把农产品是怎么种出来的、怎么养出来的，原原本本地告诉消费者，我们要让消费者接受农产品的不完美。这一点，对于那些没有经过加工的生鲜产品而言尤为重要。

最后，走出低价营销的陷阱。曾经，为了迅速抢占市场，生鲜电商开展了很多优惠大促活动，将许多原本价格并不低的农产品在网上以极低的价格促销，导致消费者对真实的农产品价格产生了心理上的偏差。不得不说，这是一种害人害己、后患无穷的低劣做法。

2.20 小龙虾火爆对农产品上行的启示

小龙虾不知不觉间成为国民餐饮，夜市必备。

小龙虾火爆的四个原因如下。

第一，从大的背景来看，如今已经进入休闲消费时代，国民的消费能力、消费时间都得到了空前的拓展。小龙虾作为曾经比较贵的生鲜之一，现在已经大众化了。仅仅从养殖角度看，全国稻田养虾的面积就有上千万亩。小龙虾的产量也是年年攀升，现在也开始出口了。

第二，从小龙虾产业主产区的推动来看，通过一系列的策划传播，将小龙虾由一种普通的生鲜产品变为一种全民美食，是把小龙虾产业做大的关键一步。江苏的盱眙、湖北的潜江在打造小龙虾美食方面可谓不遗余力：小龙虾节、品尝会、美食大赛、IP 开发等，这些地区每年都会花费大量的精力，动员大量的宣传资源，从而让小龙虾的知名度越来越高。

第三，社交化媒体时代到来，对小龙虾产业的成长起到了推波助澜的作用。小龙虾个头大、颜色美，却没有多少可以食用的肉，吃小龙虾就是品尝一种美味，享受一种心情，再配合啤酒、烧烤，就构成了夜市上动人的一道风景。通过朋友圈的传播，进一步激发了全民消费的热情。

第四，发达的物流体系和不断进步的保鲜体系，为小龙虾进一步扩大市场起到了重要的支撑作用。在电商上，作为生鲜的小龙虾是很难销售的，然而把它变成麻辣小龙虾之类的网红食品，通过加工能有效解决了保鲜、仓储、包装、运输等问题，使小龙虾的线上影响力加速扩大。

小龙虾火爆对农产品上行的五点启示如下。

第一，要把特色的农产品变成特色的美食。这样，就由第一产业变为第三产业，当然也需要进行第二产业的加工。其意义在于把鲜活性和供应链的难点一并破解，增加了农产品生产地农民的综合性收入。

第二，仅仅把产品变为商品还不够，必须打造一种饮食文化，一种消费场景，让大家将其作为不可或缺的消费品。如露露集团把露露变成了逢年过节亲朋好友聚会时的一种必备饮品。北京的北冰洋，西安的冰峰，在当地都是其他饮品不可替代的。所以，这种本土饮料在当地市场的地位牢不可破，因为其已经变成了一种文化象征。

第三，不仅要从生产的角度考虑，更要从消费者的角度进行挖掘。或者说，不是为了让消费者接触这种产品，而是为了让消费者有一种新的体验。现在，向小龙虾学习，就是要挖掘贫困地区农产品更多的潜力，让它变成大家可以接受的新的消费品。

第四，网红食品一定迎合了某种消费场景。小龙虾是夜市上一道亮丽的风景，它与烧烤、啤酒完美结合在了一起。如何让更多地区的特色农产品成为新的消费亮点还需要我们不断探索。

第五，一种美食或者一种农产品，要想形成一种现象级消费、一种潮流、一种风尚、一种习惯，需要地方政府、企业等各方面的力量协同。在农产品上行中，我们要将目光放得长远一些，功夫再做得更深一些。

第三部分

电商扶贫中的特色资源开发

3.1 农村电商推动农旅融合

讨论农村电商与农旅融合的问题，首先应关注一点，目前我们正站在互联网与乡村旅游相结合的风口。从商务部通报的数据看，农村电商领域内乡村旅游的增速是最快的。

农村电商正在从简单的网上购物向更加丰富多彩的在线消费转变，旅游就是其中之一。与农村在线旅游同步高速发展的还有在线餐饮、生活服务等，互联网正在加速改变县以下人们的生活与消费方式。

乡村旅游是当下的一种潮流，也是城市化到了一定阶段的必然产物。那些久居城市的人们开始不约而同地到乡村的田园风光中寻找乡愁。

在此情况下，蓬勃兴起的农村电商与同样方兴未艾的乡村旅游、休闲农业就形成了许多结合点，可以用农村电商的一些理念去促进农旅融合。

应加快乡村旅游的数字化。乡村旅游总体比较原始，在信息化方面比较落后。所以，可以对乡村旅游的业务流程进行数字化改造，以使其具备农村电商的发展基础，也使其更适应互联网时代的消费习惯。

应加快乡村旅游的网络化。农旅只有结合在一起，才能更好地对接网络大市场，更好地推广乡村旅游品牌。最美乡村旅游线路、田园综合体、全域旅游等，就是连线成片、整体效应的一种体现。

应加快乡村旅游的智能化。现在人们到乡村旅游，不可能只是赏个花或吃个饭，往往是观赏、娱乐、餐饮、住宿等融合在一起，这就需要智能化技术的支持，如物联网，将这些内容“打通”，让消费者便捷地消费。

用电商倒推乡村旅游转型。目前乡村旅游同质化问题日益严重，很多人在寻找突破点，这个突破点应该是定制化。农村电商的大数据恰恰给了定制化一个支点，可以从消费者需求方面进行供给侧结构性改革。

农村电商打开了互联网+乡村的新天地，促进了农旅融合，而农旅更应利用互联网主动升级。

要利用绿水青山打造超级 IP。现在 IP 这个词很流行，许多公司都梦想着打造一款超级 IP。一些公司靠网络原创衍生出了许多文化产品，收益非凡。IP 意味着原创，意味着与众不同，核心是要有让人眼前一亮的表现形式，有让人感动的故事，而且要能引发人们在情感与价值观层面的共鸣。农旅天然就具有一方水土养一方人的差异性，只要深度挖掘美丽的风光及其背后的故事，进行创意设计和深度传播，就会有 IP 效应，使单一的旅游变成综合性文化产业。

要运用乡土乡情创造“场景革命”。乡村旅游那种乡土乡情的真实场景，完全可以给消费者带来不同于城市的体验。这时，消费不是目的，而是体验的需要，是乡村场景体验的自然结果。

要运用乡村文化做好内容营销。应对电商流量的瓶颈，内容营销成为一大突破口。直播作为一种利器被广泛应用于电商营销之中。原来冷冰冰的商品，现在却在主播声情并茂的讲解中变得有温度、有情怀。这几年，网红直播卖货屡见不鲜，微博、今日头条、中央电视台等都开展了直播等活动，均取得了不错的效果，乡村旅游也可以积极借鉴这些有效的形式。

要运用天然本真推动品牌传播。乡村与城市有明显的区别，城市现代、紧张、高效，但拥挤、喧嚣、压抑；而乡村传统、舒缓、安逸，而且开阔、静谧。所以，乡村旅游的品牌传播，一定要在这种根本性的差异上下功夫，让城市的人寄情于山水之间，流连于村庄田野，牢牢地记住乡村品牌。

3.2 微博可以助推农产品电商内容营销

如今，很多人已经感觉到电商遇到了很大的问题，那就是流量的瓶颈很严重，单纯去卖货面临越来越严重的同质化竞争问题。在此背景下，内容营销应运而生。不同人对内容营销有不同的解释，但总体来说，内容营销就是把原来不可能自己说话的商品变成有温度、有情怀、有故事的商品，主要介绍商品背后的故事而非商品本身。微博、微视频、微直播等新媒体的崛起，为内容营销带来便捷。

为了适应内容营销，淘宝利用一定的资源支持微视频、微直播，但总体来看，这依然是基于存量流量的调整，而且成本不菲。但是，如果将微博这样的平台与淘宝打通，通过微直播的形式进行内容营销，就可以起到有效的导流效果。

微博也曾经尝试卖货，但一个偏重媒体的社交平台既难以产生朋友圈的熟人效应，也难以像电商平台那样给消费者带来很好的商品体验。更重要的是，微博是社交平台，而淘宝是电商平台，两者进行内容营销的模式完全不同。所以，我一直在鼓励各类新媒体，特别是微博这样有庞大用户量的社交媒体，可以在内容营销方面做很多事情，目前的探索只是一个开始。

今日头条开始了电商营销的新探索，“山货上头条”县长代言活动取得了可喜的成绩，中央电视台也进行了电商营销的尝试。显然，媒体与电商的结合还大有空间可以挖掘。

3.3 农业可以尝试一些新型营销模式

这几年互联网营销方式丰富多样，一直苦于市场销售不稳定的农业完全可以借用这些新方式。

比如众筹，农业众筹的规模已经不小了，而且各大电商平台也都开设了农业众筹的频道，有的电商平台还自己参与设计了一些新颖的众筹项目。一批新农人的创新型农业众筹项目，已经得到了资助和大量公众的参与。分股权众筹、产品众筹等多种形式，可以因农业项目不同而设计。

比如预售，很适合那些市场价格预期还不明确、有可能造成滞销的生鲜农产品。我们可以参照往年价格的基数，提前和消费者签订购销协议，只需按订单发货即可，但要注意防范因气候造成的违约风险和因管理不到位造成的产品质量风险。

比如共享经济，农业的共享领域也不少。共享的一个热点是民宿行业，依托农村的好山好水好人居，农民把大量没人住的房子进行改造，租给城里人。共享的另一个热点是土地，把零散的土地从农民手里流转回来，然后划成许多小格，请城里人来当“地主”，种什么、用不用化肥、农药等，都由“地主”说了算，产品由“地主”来支配 ，“地主”随时可以来地里检查或通过手机软件实时查看。共享土地是一个融合性的创新项目，目前，“我在乡下有块田”等项目在各地纷纷开展。

再比如体验经济，原来的农家乐是做好饭让大家吃，现在则是让大家参与做饭过程。比如，可以让孩子们去地里“偷菜”，让他们体验劳动的快乐；再如，可以让客人去抓鸡，让他们把抓鸡过程的搞笑场景拍摄下来，传播到朋友圈和抖音上，这些体验能够增强用户黏性。

总之，随着各类创新型的营销方式的出现和互联网的广泛应用，农产品完全可以突破原有的区域限制和低价，在各种营销方式的推动下，把更多的利润留给农民，留在农村。

3.4 农产品品牌的五种状态

在农产品上行中，品牌是一个重要的问题。一段时间以来，大家为了培育农产品品牌下足了功夫，也做了不少文章。农业部集中发布了一批农产品特色品牌目录，可以说品牌经济正在与农业深度拥抱。从目前来看，农产品品牌大概有五种状态，各种状态下的特征值得我们思考。

第一种状态，没有品牌或者说品牌的影响力很小。在这种状态下，一个县的农产品不为人所知，要么就近销售，要么做大路通货，要么傍别人的品牌。比如，我曾在宜川县组织大家为他们的苹果代言，宜川县的苹果其实很好，但是他们的苹果只能装着洛川苹果的箱子卖，因为宜川苹果本身名气不大。乾县的酥梨品质不错，曾经也在国内展览中获得金奖，但是多年以来乾县酥梨这个品牌没有走出去。

第二种状态，有地域品牌却缺乏市场品牌。这些年来，通过各地政府、企业等方面的共同努力，打造了一批地域公共品牌，如西湖龙井、阳澄湖大闸蟹、洛川苹果等。有了地域公共品牌，情况就完全不一样了，因为知名度大增，农产品的价值明显提升。在陕西，非优生区的苹果最低只卖五六毛钱，可是在洛川县，这里的苹果从来没低于两块五，一般都接近三块，这就是品牌的差距。但是，在这种状态下，还缺乏有影响力的企业市场品牌，很容易出现鱼龙混杂的现象，即使打假也很难下手。所以这种状态只属于农产品品牌的起步阶段。

第三种状态，有地域公共品牌，也有企业市场品牌。既有地域知名度，也有代表性企业品牌在市场中表现良好。大益普洱茶通过较好的市场运作，实现了普洱茶这一地域公共品牌和大益这一市场品牌的融合。其他地方也进行了一些探索，金华火腿最终集中授权给金字火腿公司，将其培养成上市企业。可以说，一个好的龙头企业就代表了一个地方的地域公共品牌，也就解决了市场鱼龙混杂的问题。

第四种状态，有企业市场品牌却没有地域公共品牌。立顿是全球茶叶销售量最大的企业之一，最早以销售红茶而闻名于世，后来其逐渐整合了各个国家优质的茶叶资源，推出了一系列茶叶品牌，但都同属于立顿这个大的品牌之下。实际上，很多跨国企业都有自己的企业品牌，却没有明确的地域公共品牌。

第五种状态，跨地域、跨品类的多内涵市场品牌。当一个地方的龙头企业在逐渐成长起来后，会进行横向的跨地域、跨品类拓展。比如，联想在介入四川的蒲江猕猴桃之后，又把手伸向了新西兰的猕猴桃。可是联想并没有满足于此，它还整合了青岛的蓝莓基地，开发了蓝莓系列产品；又在杭州开发西湖龙井，横跨了多个农业细分领域，统归“佳沃”旗下。这就要求企业必须有良好的市场品牌影响力和强大的资源整合能力。

不过，跨地域、跨品类也不是大企业的专利，目前农特微商也出现了这种跨地域、跨品类的品牌整合迹象。因为农特微商有很典型的季节性，可能在春夏季销售的是南方的芒果、菠萝等，而到了秋季销售的大多是北方的水果，如果只卖某一个地方的水果，就会出现大量的空档期，而在整合了全国各个水果产区的优势产品之后，就能实现常年供应。所以，很多农特微商其实都有几个子品牌，这些子品牌对应不同的地域公共品牌，同时贴上原产地直接供应的标签。但严格来讲，这只是渠道的整合而已，而不是品牌的整合。

无论如何，农产品已经到了品牌的时代，消费者需要品牌，做大农产品需要品牌，而对参与其中的每一个企业来说更需要品牌。如何把品牌这盘棋下好，就要看各企业对品牌的领悟能否从实际出发，循序渐进地推动品牌的建设。

3.5 阿克苏苹果的打假与农产品地域公共品牌悲剧

近年来，阿克苏糖心苹果声名鹊起，成为一个响亮的品牌。但阿克苏苹果也面临被假冒的问题。

农产品品牌如何打假？阿克苏维权打假的重点是：未经许可擅自使用商标或近似商标及产地标识突出“阿克苏”字样的；未经许可或不具备资格，擅自印制地理标志证明商标和包装名称或近似标志的；不具备“阿克苏苹果”特定品质和外观标准要求的；使用地理标志证明商标协议期满后继续使用的；利用“阿克苏苹果”包装版面进行违法、虚假宣传的。

阿克苏苹果打假并不是一个孤立的事件，五常大米也曾开展打假行动。但总体来看，农产品地域公共品牌被假冒的现象依然无法从根本上杜绝。一个最重要的驱动力是造假利润丰厚，一个重要原因是农产品无法像工业品那样标准化辨识，更缺乏像工业品一样的企业市场品牌，这让消费者在实际生活中难以辨别。

有关地域公共品牌的乱象有一个形象的说法——“公地悲剧”，培养地域公共品牌需要很多年，但出名之后谁都可以借用，就像在公地上放羊一样，直到最后羊将草啃光。当地政府深知这种危害，打假自然不遗余力。然而，仅靠打假并不能从根本上解决问题。维护农产品地域公共品牌，还是要回到符合市场经济逻辑的轨道上来——依托地域公共品牌，培养能代表这个品牌的核心企业及其商业品牌。

所以，阿克苏政府在打假的同时，还要加大对龙头企业的培养力度，加大产业链的整合力度，逐步向“地域公共品牌+企业商业品牌”的有机结合迈进，在符合市场经济规律的基础上，进一步让地域公共品牌发扬光大。

同时，把地域公共品牌做大做强是一个复杂的系统性工程。在打假的同时，我们要加大对农产品真实的“好声音”的传播，让更多的消费者知道这个品牌到底是什么样子；我们应该进一步规范地域公共品牌标识的使用方式，符合标准的生产经营者才可以用；我们要对源头的生产体系加快现代化改造；我们要推动全社会诚信经营体系的建设，建立“黑名单”制度，让违法主体无处可逃。

农产品地域公共品牌现阶段所面临的问题也是发达国家农业现代化进程中遇到过的，只要我们坚持市场化原则，在一系列综合举措的推动下，一定会让品牌的光芒引领地域特色产业发展壮大。

3.6 互联网让我们找回西红柿的味道

自现代农业加速工业化以来，伴随而来的规模化弊病也受到大家的关注，农产品逐渐失去了应有的特点，失去了“灵性”。而事实上，农业的生产客体，无论植物还是动物，都是有生命的。

从事西红柿产业的经营者给出了自己的答案。首先，消费者的喜爱成为生产者跟进的方向。自然界野生的西红柿有很多种，但绝大多数并没有现在摆在餐桌上的西红柿这样又大又好看。其次，长途运输与保鲜的矛盾很难解决，只能适当提前采摘，而且要让西红柿的表皮长得厚一些、硬一些，而果实里面的汁液要少一些。最后，规模化是要讲究效益的，为了提高效益，必须提高产量，必须加大化肥和农药的使用量。然而西红柿所具有的风味却不一定能由化肥带来，所以，我们只能忍受西红柿的味道没有以前那么浓郁了。

我们经常食用的西红柿皮越来越厚，味道越来越淡。今天，人们显然不是有得吃就可以满足，还想吃得更好一些，找到儿时的味道。这就形成了一个机遇，谁能解决工业化农业的弊病，在品质上有新的提升，谁就将赢得农业的未来。要做到这一点，显然不容易。

最大的难点是，如果不选择表皮比较厚的西红柿品种，那么在运输中西红柿就容易破损；如果不早一点采摘，那么西红柿在运输中也很容易腐烂。如果能本地化供应，问题就迎刃而解了，我们完全可以种那些好吃的老品种西红柿，也可以在成熟度达到九成以上再采摘，然后就近送到消费者手里。然而，现实情况是，要完全实现农产品信息对称和产销对接还非常困难。

幸好，互联网为我们提供了便捷的载体。在四川省，有一个叫王燕的姑娘坚持去种那些好吃的老品种西红柿，然后在本地寻找可以销售的渠道，最终的结果皆大欢喜。只要信息对称了，我们完全可以实现蔬菜的本地化供应，现有层级的批销体系也完全可以去中间化。这将是一场由互联网带来的农业供应体系的革命。

要想实现这一点，就要从生产者与消费者建立互信关系开始。消费者对农产品的质量和安全有疑虑，尽管有绿色认证、有机认证，他们依然觉得不可靠，这是一种心理层面上的不信任。所以，要建立互信关系，必须从宣传农产品真实的声音开始，通过这种宣传，让消费者认识到真实的农产品生产过程是什么样子的。

最近，社群电商发展迅速。社群电商一般以小区为单位，由小区内有闲暇时间的人专门负责联系小区内需要健康食物的家庭，再与可以生产这些食物的农民对接。当城市人想吃上那种老品种西红柿时，就不再困难了。他们可以直接向农民下单，然后农民通过电商体系运送过来，他们还可以通过手机观察西红柿生长的过程，有什么问题也可以实时与农民进行沟通。

当然，任何新的生产方式总是离不开生产组织的创新，在农民依然从事着小生产的前提下，要让城里的消费者和农村的农民逐一对接起来依然有难度。但是，只要开始了这样一种可喜的探索，与互联网的融合及进一步深入和广泛对接也就会成为可能，农产品生产将会逐步改变。

3.7 乡村旅游不是把“苏州园林”搬到农村

在乡村旅游的发展中，依托城市工商资本下乡建起的各类农庄是重要的组成部分，但从目前的表现来看，相当一部分农庄经营状况并不好，甚至亏损严重，主要原因是没有人来。为什么没有人来？我们需要运用社会学的原理找一找原因。

首先不得不承认，这些庄园绝非粗糙之作，有些还相当精美，有些请了专业的设计院来设计，布局科学，基础设施普遍良好，停车不存在问题，可谓有林有水，花草繁茂，亭台楼榭，一应俱全。

但这些庄园有一个共同的特征——像苏州园林而非美丽乡村，基本上属于文人性质的私家花园，是城市公园在农村的再现。如果是农村人进入庄园，还有些新鲜感，而对城里人来说，反倒没有了感觉。这便是悲剧发生的基本原因，如果要看这样的园林，去城市的公园即可，又何必来农村呢？

由此，我们不得不提出一个现实问题，城市人到农村来干什么？乡村旅游从本质上讲，就是城市人来体验田园牧歌场景，“土”是最核心的，不“土”就不足以与城市形成鲜明对比，就不足以引起城市人的兴趣。

当然，也有人提出，原有农村民居布局分散，不符合整齐划一的要求，应该统一规划重建。这一原则对农村新型社区建设可能适用，但对乡村旅游而言却不一定适用。农村的美恰恰在于依山傍水，房屋因势而建，错落有致，有自然之美。好的乡村旅游一定是基于乡村自然之美的深度挖掘，而不是按照城市园林的标准进行生硬改造。

庄园的落寞还与乡村旅游风口的转变有关。简单的吃饭、垂钓已经不能满足消费者的需求了。所以，乡村民宿开始兴起，各类体验式的农事活动也受到了欢迎，乡村旅游的差异化竞争已经开始。

在此情况下，乡村旅游转型迫在眉睫。主题要明确，不是在农村建立城市公园，而是要建立真正的乡村田园；特色要鲜明，要么做儿童乐园，要么做民宿，要么做特色餐饮。更重要的是，要借鉴电商的平台思维，把园子按主题定位和功能分区，划成若干板块。

如今，城市文明替代不了乡村文明，美丽乡村也是城市人的精神家园，乡村旅游、休闲农业等新业态将有良好的发展前景。从这一消费趋势出发，多用供给侧结构性改革思维，我们才能更好地捕捉到乡村旅游的红利。

3.8 乡村旅游不仅要让大人有的看，还要让孩子有的玩——从乡村旅游点都有儿童乐园说起

很多乡村旅游点在乡土民俗体验街区之外，往往都设有与主题似乎不搭调的儿童乐园，其基本陈设与城市公园中的游乐项相差不大。在大名鼎鼎的袁家村，在关中风情体验区之外，就有城市风格的儿童乐园，当然也穿插了一点稍具农村特点的跑马场。另一个著名的乡村旅游点马嵬驿也专门开辟了一个儿童乐园区，里面的陈设和城市公园别无二致。

我们说，乡村旅游是满足城市人的田园牧歌梦，让城市人体味乡愁，寄情于山水，缓解紧张的感觉。但有乡愁的大多是成年人，孩子大抵是没有这个概念的。再好的乡村旅游街区，孩子跟大人走一段时间，也就失去了兴趣。所以，儿童乐园就是要解决孩子难以留下来的问题。

由此看来，儿童乐园在乡村旅游中的存在虽然不是很合理，但却合情，也情有可原。但是，乡村旅游不能只用儿童乐园来吸引孩子。其实，传统乡村的儿童游戏不仅丰富，而且还很有意思，但很可惜，目前大多还没有被挖掘出来。

显然，目前出现的乡村旅游还处于初级阶段，只是一种简单复原和重现，没有把大家真正吸引过来，这与当前乡村旅游的开发层次和消费层次都有关系。

3.9 在凤凰山下谈乡村旅游的六个问题

在陕南的汉阴县有一个坐落在凤凰山中的漩涡镇，至今还保留着几百年来形成的山坡梯田，在当地被叫作凤堰古梯田，从宣传图片来看，相当美。于是，在一个端午节，我慕名前去。

从县城出发，需要翻越凤凰山才能看到这些梯田，虽然山路蜿蜒，但经过改造之后，路况已经大大好转，开着车窗慢慢上山倒也是一件十分惬意的事情，白云悠悠，山风习习，我真能体会到“白云生处有人家”。翻过凤凰山，出现一个半包围型的大山坳，总体形状略似人的耳朵，那些古梯田就分布在耳郭之中。这里的山有一个特点，即山有多高水就有多深，所以形成了难得的山坡稻田景观，加上政府引导稻鸭共生的有机种植方式，让人们切身体会到和谐可持续的农业生产模式的优势。

我观赏了古梯田，体验了农家乐，又参观了当地的冯家堡子古寨。这户冯姓人家由湖北辗转迁徙于陕西关中等地，最后落脚于凤凰山中。虽然已经人去楼空，但从留下来的建筑特别是屋内的陈设中，我依然可以强烈地感受到耕读传家的传统气息。

从凤凰山重新回到县域边，坐在依山傍水的民康生态园，我不禁对这一趟古梯田之旅进行了回顾。总体来说，不虚此行，但要说完美却还不够，要让凤凰山的古梯田旅游火起来，恐怕还有很长一段路要走。

一、如何实现好山好水还好来?

从凤凰山下来，我首先想到的是路途遥远带来的不便。从西安赶到这里，大约需要四个小时，一日游专门来这里显然不太现实，只能是顺路过来。要么就是专门赶来，那么就要留下来在此住宿，早晨的巴山云雾、午间的水田艳阳、晚间的山村炊烟、冯家堡子等皆有留人的理由。事实上，只要有好的看点，让游客为之来一场说走就走的旅行并不难，但这对景区的基础设施和配套服务提出了新的要求。甘肃的甘南旅游这几年靠口碑传播火起来了，甘南景色很美而且安静，住宿餐饮条件不错，收费还不高，比去呼伦贝尔大草原方便，所以周边省份有大量的游客开着私家车前去。凤堰古梯田能否成为秦巴山中的陶渊明式的梦幻乡村？

二、如何让人安心地留下来?

在凤堰古梯田景区，田的景色保留了下来，而民居的特色却没有保留下来。散落在梯田中间的民居恰恰是农民富裕起来后学着城里人盖起来的小洋楼，这是农民生活好起来的标志，城里人却不想住在这里。假如，凤堰古梯田能总体保持徽派建筑风格或保持原有的乡村民居特色，在屋内陈设与生活设施上进行改造，则更有吸引力。现有的一些农家乐，菜品比较有特色，但民居有些太现代了。当然，这不能怪农民，更不能强迫农民改回去，而是需要遵循市场逻辑和农民意愿进行适当的改造。

三、如何让村落的保护与开发结合起来?

冯家堡子是古梯田中遗留下来的比较完善的古寨，经过政府保护和修复，很有一番古风遗韵，但游客只能参观，没有配套的解说体系。目前的乡村旅游基本是不需要门票的，主要靠配套的餐饮、土特产销售和民宿挣钱，冯家堡子恰恰又没有这些东西。出了冯家堡子，周边的农民开着自己的小洋楼做旅馆，如果把二者结合起来，让农民到冯家堡子做餐饮、销售土特产、留出几间民宿，是不是更好些？至于解说者，完全可以让有兴趣的人当志愿者，适当给他们补贴即可。

四、如何让乡村旅游的定位更精准？

在冯家堡子的停车场我留心观察了一下，大约停了十辆车，西安牌照的有八辆，汉中的有一辆，显然来这里的人以西安人为主。那么这些西安人来这里最想看到的是什么？从我个人的感觉来说，肯定是看山看水，领略风土人情，品尝这里的山中美食，临走时再买一些当地的山货回去。当然，这需要细致地调查和分析。今天的互联网为我们提供了便利，扫一个二维码后你就可以享受免费 Wi-Fi，参与微信公众号上的问卷调查你就有可能赢得大奖，景区用这种方法可以吸引一批游客，经过数据分析之后就能让景区的定位与相应的改进方向清晰起来。通过一段时间的扫码“拉粉”，景区就可以据此进行宣传，春天什么花开了，秋天什么果子熟了，都可以进行实时推送，再隔三岔五地发布一些游客的摄影作品，更能引发参与热潮，实现景区与游客的有效互动，进一步让景区的管理与游客的需求相契合。由此继续延伸，则可以顺势推动旅游电商。

五、如何把景区最美的一面展示出来？

大家常说，看景不如听景，但满怀希望却失望而归的事情经常发生。当我去古梯田的观景台时听到一个人失望地说：“山下面就是传说中的古梯田？怎么没有什么看头？”为什么他会说这样的话？因为他来这里的季节不对，水稻刚插上秧，整个山郁郁葱葱，稻田看起来就不是那么起眼了。如果放在春天，山色初绿，梯田中的油菜花盛开，就像天然的巨型国画，人在画中，怎能不美？可惜没有当地的向导来向游客讲解。初夏的水稻梯田其实很美，走在田埂中，近看麻鸭戏水，侧听蛙鸣之声，谁说不是好风景？只是水稻田中缺少参观的通道，游客往往要付出湿鞋泥脚的代价。这些都是小细节，却也是很要紧的问题。

六、如何把乡村旅游的资源深度挖掘出来？

看罢凤堰古梯田，我顿时想起了远在云南元阳县的哈尼古梯田，两者有些类似，但哈尼古梯田的开发显然更有深度。梯田只是一个吸引游客的切入点，更重要的是系列旅游产品的开发，以哈尼族等少数民族对歌为载体的文化项目体验、以哈尼生态大米及其系列加工品为主的土特产品、以当地少数民族服饰及配饰为代表的工艺产品、以当地生产生活场景为依托的风土人情等，形成了一个可以看、可以住、可以玩、可以买还可以深度参与的综合旅游项目，这一点是值得我们学习的。

凤堰古梯田景区是一个“养在深闺待人知”的美丽姑娘，我们需要让它穿上合体的衣服，打扫好整洁的农家小院，使它以最好的姿态迎接更多欣然前来的游客。

3.10 乡村旅游那让人纠结的特色与定位——诸葛古镇里的遐思

利用周末，我开着私家车，来到了汉中勉县诸葛古镇——就在与成都武侯祠齐名的汉中武侯祠旁边。晚上闲了下来，我在古镇细细游览了一遍，总体感觉规划明显比其他类似景点科学合理，更重要的是文化韵味十足。景区按诸葛亮的生平修建了相关历史时期的人文景点，把景区中心的小湖摆布成赤壁大战的场景，还有感人至深的大型情景剧《出师表》可以观看。晚上，在灯光的辉映下，古城、仿古房屋楼阁，穿插在中间的湖水和小溪，如梦如幻的彩旗与灯笼，各种特色餐饮，加上熙熙攘攘的人群，共同构成了让人感到非常惬意的休闲旅游场景。如果累了，那么你还可以在古香古色的客栈里休息。但遗憾的是，与西安周边的袁家村、马嵬驿、周至水街相比，这里的人气似乎不高，着实让人感到有些惋惜。其中的原因可从我初步的体验中归纳。

一个旅游景点怎么样，大体可以“望闻问切”，在停车场一“望”就能感受到。在诸葛古镇停车场停放的车辆中，来自西安的明显比较少，大约只占两成，还有一些四川牌照的车，因为这里与四川交界；其他的大多是本地牌照。这样看来，诸葛古镇似乎更像是给勉县乃至汉中提供了一个档次较高的休闲旅游地，而不是给远在西安的人“解渴”。

每一个休闲旅游景区，大多都为人们准备了各类美食。而在诸葛古镇，现场的美食其实大多是外地的，本地的很少。西安人想要在这里品尝汉中热面皮、菜豆腐、腊肉、魔芋制品等，但是这条街恰恰缺少这些。

问题随之而来，投入这么大，规划这么好，为什么游客不多？由此我们不得不承认，消费的区域差异是明显的，一线城市，二线三线城市，四线及以下城市，它们的区别不可忽视，休闲旅游是收入水平达到一定层次之上的产物，消费升级也需要梯次推进。

如果说古镇景区更像是为本地人开的，那么古镇配套的旅游酒店肯定是给外地人开的。这些仿古的房子，经过内部现代化的改造，外面古朴，里面时尚，人们住在这里可以有不同于一般农家乐的住宿体验。然而，这种仿古风格，这些美食，西安周边也有；那种看得见山，望得见水，能想得起乡愁的汉中田园风光却在景区之外的定军山及周边乡村，而正宗的美食则在县城。

到底什么才是一个休闲旅游景区应该有的特色，又该如何精准地定位市场与目标人群？这不是某一个景区的困惑，而是今天遍地兴起的乡村旅游的共同困惑，“高大上”的定位可能曲高和寡，而一般性的复制与模仿又肯定会产生同质化竞争。

诸葛古镇到底是给西安人开的还是给汉中人开的？要“高大上”，还是要平民化？可以想象，这个古镇的打造，一定担负着勉县甚至汉中乡村旅游转型升级的重要任务，古镇的设计开发也是按此来进行的。但无情的现实是，因为交通原因，让西安人开四个多小时车来这里体验，理由还不够充分。

但是不是定位就必须明确是对西安人还是对汉中人开放？“兼容”并不是不可能。袁家村在启动二期工程的时候明显体现了土洋结合、传统与现代结合、中老年人与年轻人结合的特点。

袁家村原来的第一条街，准确地讲就是一个关中农村风情的美食街，老少咸宜，雅俗共赏。大家体验关中农村风情，品尝关中特色美食，买一些特色产品，其乐融融。在新建第二条街的时候，出现了许多现代的东西，如昂贵的土耳其浴，类似西安德福巷的咖啡红酒街区等。除了农家乐，民宿及时更新换代，如卫生间的改造，管理上的酒店化，这些都适应了游客的习惯。

袁家村的发展也给诸葛古镇带来一些启示，我们可以把古镇的街区再重新规划一下，有一些地方是需要给外地人看的；还有一些地方是需要给本地人开放的，需要更加接地气。但实施起来相当困难，很可能里外不讨好，不伦不类。

更重要的是，还需要把诸葛古镇与汉中其他旅游景点“整合打包”，排布合理的路线，提升人气。

通过对诸葛古镇适当的调整，对周边景区旅游线路统筹规划，再加上一些有效的推广，许多问题就会得到解决。

3.11　旅游同质化的现实选择与烦恼——在少华山下说乡村旅游之一

国庆节第二天，我与家人从华山旁边的少华山下来，又饿又累，但看了看山下路旁的所谓特色餐饮，还是没有就餐的欲望。

还是顺着少华山下的路边餐饮摊说起。景区路边餐食的品种已经较过去大为丰富，因为少华山所在地的特色饮食能做到快餐化；现在的情形已是陕西特色小吃荟萃了，除了当地的小吃，各家几乎都加上了凉皮、搅团，还融合了部分他省美食，如米线、烤肠、铁板鱿鱼等。

若将目光从少华山转移到秦岭山下的各峪口，农家乐还无一例外地推出了野菜、土鸡、烧兔、鳟鱼等几个当家品种，各家挂出的菜牌高度一致，能不能吃好全凭运气。当然，农家乐与旅游景点毕竟不同，国人的旅游总是形迹匆匆，旅游点的饮食快餐化是主流；体验农家乐总得消磨时间，必须来几个硬菜慢慢炖，但同质化的情形却高度相似。

若再将目光转移到陕南的乡村旅游，则土特产高度集中在干制食用菌、土蜂蜜、茶叶等几样；陕北虽是另外一种景象，土特产也高度集中在红枣、杂粮等几个品种上。

这样看来，同质化绝对不是一个简单的问题。一方面，同质化产品有其合理性，因为这些产品是经过市场检验并积累下来的，是最受欢迎的品类，有大量需求。用现在流行的话讲，这些土特产也是网红产品，属于高频快消品。

另一方面，这样的同质化不代表我们可以盲目乐观。因为从里到外的高度雷同给顾客的选择带来困难，也让经营者不可避免地面临同质化竞争的烦恼。要摆脱烦恼就必须体现差异，然后再借助社交媒体的传播，使自己与众不同。这里面的差异既包括就餐环境、服务细节、菜品质量等，又包括营销水平，但首先要从打造自己鲜明的招牌开始。有鲜明的招牌，才会有差异性，才会引发顾客的传播。

同时，同质化也会带来另一个问题，就是扼杀多样性。西安的北院门回民街，因为媒体的宣传、游客的传播、经营成本的盘算，最终一些小众的食品从这条街上消失了。这样繁华的一条街，从南到北反复出现烤肉、羊肉泡馍、牛肉夹馍、核桃酥等最受欢迎的特色食品，而且高度集中在几家店。

后来，永兴坊人气大涨，它通过抖音，捧红了摔碗酒等几个网红美食，门店租金水涨船高，一些小品类的特色美食店就经营不下去了。

当然，同质化的过程也将是漫长的，除非市场发生重大变化，否则，大多数经营者还是愿意简单地顺着风口赚钱，而不是努力地另找风口冒风险。

3.12 城乡的错位——在少华山下说乡村旅游之二

因为山下路边餐饮摊点的同质化问题太严重，我们最终从手机上选了一家评价较好的关中风味餐厅。当我们从菜单里努力地寻找像凉拌豆腐丝之类的当地特色美食时，同时进来的当地人却在点着他们自己平常很少吃的鱼香肉丝、水煮肉片等，这就是一种城乡错位。

这种城乡错位进一步表现在乡村旅游的各个方面。当农民开始把自己的土房子改为小洋楼的时候，城市人却在乡村寻找村落的感觉。于是，乡村旅游特别是全域旅游开发就面临一个矛盾，城市人的规划农民不接受，而农民的规划往往得不到批准。一些全域旅游的规划甚至将农民的小洋楼作为全域旅游图中的不和谐因素对待，一心想拆除或改造。对于此情此景，有人说，这是让农村人为城市人“解渴”。一些极端的乡村旅游甚至为了让农村保持原生态，除了土房子、老家具，就差让农民自己挑水、点油灯了。有人认为此举只是满足了城市人的乡愁，却给农村人的生活带来不便。显然，改变这种错位，需要寻找城乡的“最大公约数”。

城乡错位还表现在乡村旅游的餐饮上。随着生活水平的提高，乡村旅游的餐饮水平也在提升，农村人把锅碗瓢盆都置办成新的，一些城市人却说没有了感觉；农村人炒菜做饭用上了现代化的炊具，放上了好的调料，又有一些城市人说失去了本来的味道。城市人希望继续保持土菜的土味道，农村人却做了些改进。

城乡错位还延伸到乡村旅游的项目开发上。一些农村出身的老板花巨资打造了一些乡村旅游景点，结果城市人与农村人均不喜欢，因为作为改造乡村的产物，这些景点普遍有园却无田，田园风光更无从谈起。其结果，园区游人寥寥，投资者叫苦不已。

为了防止城乡错位，特别是针对那些农村人准备抛弃的而城市人却珍惜的事物，一批文化人和投资人开始进行抢救和改造，最为典型的就是乡村民宿。乡村民宿的模式是，农村废弃的村庄外表保持不变，对房屋、内陈、起居条件进行改造，达到“外土内洋”的效果。但是这样折腾，投资往往不菲，回报周期又长，亏损也就在所难免了。

造成民宿业普遍亏损的主要原因有三：第一，休闲经济的有效利用时间太有限。一般是周末挤翻天，周内闲看天。闲置成本如此巨大，必然导致运营成本居高不下。第二，运营效果不佳。特别是西部地区，缺乏成熟的民宿消费群体，运营十分困难。第三，缺乏系统化的开发与配套支撑。民宿需要有系统化支持，否则难以持久；也需要交通设施、生活起居的现代化便捷服务，细节上的服务很重要。但从目前来看，把一个村庄改造成民宿不难，但把当地的村民培养成合格的服务员相当困难。

按照城乡融合的节奏，未来的美丽乡村，不仅是农民安居乐业的家园，也要成为城市人的乐园。所以，必须在土洋结合、传统与现代结合等方面做文章。如建筑结构，整村强求传统风格难，不妨保留几个街道或一两个自然村组。另外，饭菜的传统风味与现代烹饪也可以相结合。

根本上，还是要在乡村旅游的开发过程中，让城市人和农村人共同参与，最大限度地把城乡融合的理念体现在新时代的乡村建设中。这虽然很难，但值得我们去做。

第四部分

贫困地区的电商创业

4.1 农村电商需要补上“三农”这堂课

在与农村电商的交流中，我明确提出了一个观点：不懂农产品就不要做农产品电商，不懂农村就不要做农村电商，不懂农民就不要做涉农电商！而且我也不止一次建议做农村电商的人不仅要研究电商本身，更要研究农村、农业和农民。无论电子商务进农村还是农产品电商，受到的那些挫折，遭受的那些委屈，几乎都与“三农”的隔膜有关。而对出现的这些问题，仅仅从道德上做批判没有意义，更无法解决任何现实问题，反倒让农村电商这潭水更浑。城市与乡村的二元世界形成已久，城乡二元结构依然根深蒂固，仅凭电商单枪匹马想要迅速变革谈何容易？所以，农村电商必须补上“三农”这堂课。

1. 农村是另一个世界

第一，做农村电商的人应该明白，农村是熟人社会，而城市是生人社会。乡村有血缘、地缘关系，左邻右舍，乡里乡亲，天生是一个熟人社会，大家知根知底。所以，农民在乡村内部依靠信用办事，还有乡规民约、公序良俗的约束，很多事情是非常简单的。农村的传统借贷，实际上大多都不用立字据，完全是口说既为凭证。但城市就不一样，铁门一锁，自成世界，信任感大多是缺失的。而目前的电商制度，恰恰就是适用于陌生人社会的，以第三方支付工具为凭证，强制保障信用。但是这一套体系用在农村自然不合适，因为农村的事更多的在于人的因素。例如，做农村电商服务点，选人的标准要看硬件，如学历、收入水平、职业技能；但更要看软件，一个在村里没有良好口碑的人，不可能在村里获得好的商机。

第二，同为农村，差异也大，不可一刀切。例如，村的大小差异极大，陕西关中的村一般有上千人，而且村村相望，人口稠密；而陕南、陕北的村则十分分散而且很小，百人以下的村在大规模撤乡并村之前也是广泛存在的。而且，关中的村居一般高度集中于村内某处，而陕南、陕北的村居又散落在村中各处。这样，一个农村电商服务点的建设，在关中的村理论上是可行的，但在陕南、陕北就不太可行。

第三，一方水土养一方人。人口是支撑电商的基础数据，但在实践中，人口又不是绝对的影响因素。因为地域不同，人的习性也不同，特别是消费观念不同，如关中的农村历来有勤俭节约的传统，而陕南却受楚文化影响较深，更重当世的享受。这样，看似人口较少的陕南，其农村电商的业绩表现却优于关中，因为陕南的村民更愿意消费。

第四，必须研究农村的城镇化规律。在关中，人口密集的农区反倒不容易形成大的集镇，因为交通便利，离县域太近，“灯下黑”问题严重；而在陕南山区则每隔几十公里必然会形成一个大的集镇，而且普遍熙熙攘攘，十分热闹。由此，关中的农村电商在村内设点，以销售生活日用品为主；而陕南的农村电商则必须考虑在乡镇设点，而且服务内容要全面一些。

2. 农业与电商隔了一个世纪

用一个不太恰当的比喻来说，农业还在 19 世纪，而电商已经跨入 21 世纪，二者对不上话，拉不上手。而且，农业的小规模生产将在很长时间内持续存在。中国农业的小农经济的现状不适合大规模标准化生产，必须进行适度规模化经营，如培育小型家庭农场，发展合作社，开展土地托管等社会化服务等。农业的电商化，一定要以农业的互联网化为前提，而农业的互联网化又需要时间。

农村电商的问题又集中表现为农产品电商的问题。农产品的问题在于缺乏工业化，而农产品电商却恰恰忽视了前端。如果不从源头上做起，那么农产品电商特别是生鲜电商的结局往往会很悲惨。由此，一轮又一轮的融资，推动生鲜电商不得不走上重资产的“奴役之路”。

电商下乡让农民买得多而帮农民卖得少，不是电商不愿意干，而是无能为力。因为上行与下行是截然不同的两个体系，连看似可以共享的物流也是不同的，更不要说已经下乡的电商“缺兵少将”，根本“无力打仗”。从各地探索的经验看，农村电商的上行一定是政府、平台、电商、创业者、农业体系综合配套的结果，想得越简单，干起来越艰难。

由此，农业的电商路注定是“路漫漫其修远兮”，需要大家一起“上下而求索”。

3. 要帮助农民而不是指责农民

如果你是农民，那么当本小利薄、经不起折腾却面临一线生机时，你将如何抉择？农民没有经过工业化的大生产锻炼，在思维上和行动上都与电商所要求的标准化生产体系相差甚远，这个适应过程注定需要较长时间。所以，农民需要更多的领路人。

今天，中国农民站在互联网时代的入口，这也是当今农村向电商提出的重大课题，任何不能破解“互联网+三农”的电商都不能称为合格的电商，也终将难以取得成功。

4.2　互联网+农村首先要懂农村

互联网+农村要想成功，乡土气息要再重一些，与农村要贴得更紧一些。首先我们要懂农村，然后要深入了解农村，最后一道一道迈过互联网+农村的坎儿。

农村与城市的文明形态不同，二者分属于两个世界。

在陕西农村淘宝第一批签约的县中，有一个是西安旁边 60 公里的县，有 60 万人，本以为农村淘宝在这里可以发展得红红火火，结果却并不理想。另一个陕南的山区县只有 20 多万人，农村淘宝一开始不想在这里发展，但县上几番争取后终于签约，在三个月后业务量冲到全国第四。

为什么会这样？先说西安周边的这个县为什么业务量不理想。第一，大城市周边的平原县往往有典型的“灯下黑”效应，很难形成小城镇，村里留守的人也少，所以在农村淘宝上买东西的人也不会太多。第二，这个县的传统观念是勤俭节约，指望着他们在网上大量购物不太现实。

再说陕南的山区县。第一，这个县具有明显的山区地理特点，山大沟深，交通不便，更容易形成小城镇，逢 50 公里必有集镇，每逢有集，小镇顿时车水马龙，好不热闹。但山区天然形成的小集镇，商贸物流并不算发达，越远的地方物价越高，当电商入驻后，商品价格下降，人们的购买欲望增加。第二，与当地消费习惯有很大关系。

大量的农村互联网项目是基于数据的死分析，或者是凭空想象，如果不能老老实实地深入农村，我估计互联网下乡的痛苦还会增加。

2016年在商洛市工作期间，有一天我去一个村调研电商站点，我才知道了当一个农村淘宝的合伙人要同时承担多少种角色，是多么不容易！他不仅仅是导购员，还是送货员、安装工、修理工、代寄者，忙得从早到晚团团转，甚至中午连饭都吃不上，晚上还得睡在站点。

还有农产品电商的问题，人们现在一直在电商层面上找原因，却很少去研究农产品的问题。想做农产品电商，必须注重农业互联网化。做农产品电商，最好让运营人员到田间地头去调研，然后再设计文案，而不是模仿工业品进行噱头式营销。

农村互联网的落后，不是某一个方面的落后，而是整体的落后，想要在某一方面突破，需要打破落后的封闭系统，为新鲜事物的诞生创造条件，这是一场艰苦革命，各地流行的“一把手”工程也就应运而生了。但有了“一把手”工程还远远不够，需要一系列综合措施来推进。

推动互联网+农村，第一是理念输入。要让当地的干部群众接受互联网这种理念。如果不能在理念上突破，那做起来肯定也会很难。

第二是深度融合。不能为了电商而电商，电商不太可能成为独立的产业，更多的是推动现有产业的在线化，即成为转型升级的新动力。但融合上却出了一些问题，人们忽视了现有产业的基础，怎么推也推不动。

第三是培养人才。事业是靠人干出来的，很多农村电商陷入没有人才的尴尬境地。我们应该在领导层面、干部层面和从业层面，分别开展有针对性的培训，对人才进行跟踪培养。

第四是优化政策。有的地方想做电商，但一做就犯错，因为现在的一些政策制度还没有完全为电商做好相应的调整。

第五是产业改造。互联网+不是产业“上网”那么简单，需要产业为互联网做出相应的改变。互联网+农村在某种程度上就是一场革命，起步很难，让传统产业适应和改变更难。

第六是基础配套。网络要通，费用要降；快递物流要能到，还不能太贵；配套产业链也要跟得上，等等。

此外，还有模式创新的问题，要让农民更好地参与进来。

总之，互联网+农村要以懂农村为前提，真正把互联网和农村融合起来。

4.3 农产品电商创业先别急着汇通天下

一、农产品要适应电商而不是让电商适应农产品

对于中国的农产品而言，生产是小问题，而销售是大问题。我们的思维始终停留在生产的角度，而不是从消费者的角度及市场的角度出发来思考，许多营销并不成功。

我们能不能从消费者的角度出发？能不能从市场的角度出发？消费者需要什么？我们该怎么做？这涉及思维上的转变。

二、不要一直盯着网络零售，农产品出口范围应该更宽一些

天时、地利、人和、产品、人才、市场、竞争对手、物流冷链等因素共同影响农产品“上网”能否成功。

农产品电商恰恰需要借鉴工业体系上已经成熟的 O2O 思维，不是所有农产品都要漂洋过海卖到外省去。淘宝目前的交易 80%都要跨省，这对农产品来说是“不可承受之重”。事实上，大部分农产品可能只需要本地供应，不需要跨省交易。

电商已经与实体产业深度融合，我们不能把电商看作先进的新东西、独立的新产业。

在此情况下，产生了两种思维。一种是本地化销售的 O2O 思维。现有成熟的线下商业渠道已经给我们提供了基础，我们只需借用它并和它结合。

另外一种就是将农产品卖到全国去的加工化思维。只有经过深加工、标准化，农产品才能走得更远，销售时间才能更长。

所以，越来越多的新农人在研究，如何把鲜活的农产品变成加工品，让它变成常年可以销售的东西。河南的杜千里把山楂加工成山楂酒；陕西商洛的牛伯伯把核桃加工成核桃酱；洛南的村民把豆腐干加工成方便食品，这些都是勇敢的尝试。

三、如何实现业精于勤是农产品电商的共同问题

学习是摆在新农人面前的共同任务。放下浮躁的心，老老实实地学习吧。

如果我们的产品经过严格的生产、加工、包装，或者生鲜产品有成熟的冷链来配套，那么就能走遍天下都不怕。但在物理条件的支撑有缺陷的情况下，任何不切实际的想法都是有害的，最终的结局都是凄凄惨惨。我不希望有更多的人重复前人已经走过的艰险之路。

四、每个人都要找到自己擅长的位置和擅长的打法

每个人要有自己的定位，不能随大流或跟着感觉走。真正的电商可能只需要20%的人开店，80%的人去做配套产业就可以了。现在我们应该认真琢磨一下供应链、产业链、价值链应该怎么做，应该由谁来做。

什么是供应链？即从产地到消费者手里这一段完整的过程。专业买手在哪里？快递包装物流在哪里？品牌在哪里？整个数据监控在哪里？该如何与消费者沟通？没有这些东西，供应链就是不完整的。

什么是产业链？我的看法就是你从别人手里拿的东西，现在已经不能满足你的需求了，你直接变成了一个“地主”，从源头开始种起，让农民跟着你干。你要考虑做什么产品、卖多少钱、什么时候上市、如何包装等问题，然后再接上你的供应链，这是在供应链基础上进一步延长的链条。

什么是价值链？就是当你把一个完整的产业链和供应链做起来之后，你的产业利润如何分配。你是把它少返给农民，还是寄希望于通过品牌来提升溢价，获得更高价值，你需要认真研究。如果你一味跟风，低价营销，就不涉及价值链，只有具有独立的品牌和品牌背后延伸的独立的、完整的产业链、供应链，才涉及价值链，但是很多新农人根本不具备这些。

不得不这样说，今天做农产品电商和农特微商的人，很多是跟风而来的。当你懵懵懂懂地闯入这个行业仓促上阵的时候，就决定了你的道路一定是艰险的。我们既要抬头看天，更要低头赶路，扎扎实实地干才是出路。

当然，“变”是这个世界永恒的主题。电商发展的速度实在是太

快了，我们在这里坐而论道，摸着石头过河的情况依然存在。所以，睁大双眼，伸长耳朵，加快脚步，这可能是我们继续走下去的正确方式。

4.4 三个农村电商的故事及其启示

电商的发展速度很快，农村电商也得到了快速发展。各地的一些电商故事能带给我们很多启发。

第一个故事，江苏睢宁东风村的电商演化。

2006 年在孙寒等“三剑客”的带领下，这个村的电商从无到有，日益做大，到今天村庄周边家具产业的规模已经超过 100 亿元。在初期的户户开店后，并不是村里每个人的网店都能开得很好，有的人感觉技不如人，就退了一步，做家具的供网商；后来家具市场的竞争也很激烈，又有人退了一步，做木料供应；木料市场的竞争变得激烈了，又有人做运输工作；如此演化，直至有的人在街头开了饭店，找到了合适的位置。

启示：东风村的电商演化生动地告诉我们，什么叫作“从事电商”。电商的大生态是涵盖多产业的，是一张经济大网，有许多的关联与配套环节，最重要的是学会放宽视野。

第二个故事，陕西洛川小伙何飞杰的转型。

何飞杰在大三时就通过微博等新媒体帮助家中及村里卖了几百吨苹果。在毕业后，他专注于苹果电商，但发现问题不少，供应链有漏洞、包装物流成本高、同质化竞争严重。几经考虑，他最终选择了做农产品电商物流，主要是为苹果等水果电商提供包装、仓储、物流等服务。他还为自己的公司起了一个好听的名字——云鲜锋。

启示：做电商是做买卖，有赚有赔；而做电商服务商不论生意是赚还是赔，服务按次收费，所以几乎不会赔钱。由此，做第三方平台的阿里巴巴和做自营的京东在毛利率上是有天壤之别的。所以，电商固然是要去中心化的，但不会消灭中间商，特别是中间服务商，这里面有大量需求，也就有大量机会。

第三个故事，一个冬枣园主的电商心得。

一个种植冬枣的新农人与我聊天，他谈起了自己的电商心得。他发现自己开店在网上直接销售产品，不仅缺乏人才，而且运营成本高，还要在短暂的销售季节之后想办法养活电商团队，怎么算都不划算。更重要的是，水果集中上市，时间不等人，电商根本等不起。最后，他选择了做电商的供应商，以合适的价格为各类电商、微商团队供货，能卖多少是多少，剩下的农产品走线下的批发渠道。最终，他的销售十分顺畅，也相对轻松。

显然，他是一个精明的园主，他以市场为目标，将线上线下都作为重要的渠道，借用成熟的线上线下力量为自己所用。

启示：我们要把自己最擅长的领域做好，而不是盲目追求全产业链、做“全能冠军”。当大家按产业链组成协作团队时，产业链体系可能就成熟多了。

4.5 返乡、下乡创业不是替代农民

这些年，随着农村的不断发展，农村创业的机会也越来越多，出现了各类返乡、下乡创业人员，还出现了大量从事农村电商等涉农行

业的新农人。乡村出现的人口回流现象让人们看到了希望，新农人正在成为振兴乡村的有力推动者。

返乡下乡创业有不少问题，如政策可能还不够到位；土地流转费高、流转难、流转期不够稳定；缺人、缺钱、缺技术等。这里我只准备讨论一个具体问题，即返乡下乡创业做什么好？

1. 直接流转农民土地进行经营需要慎重

我不太主张直接流转农民土地，代替农民经营。我们不一定要干农民能干的事，而是要干农民干不了的事，侧重点要放在新技术引进示范、市场信息捕捉、产品销售等方面。当然，如果当地大量的农民已经迁出，成片土地需要新的经营主体，那就另当别论了。一般而言，农民的土地流转是随着农村劳动力转移自然出现的，农民之间的自发土地流转成本往往是比较低的，但是外人流转，价格往往就高出许多。农民当然可以因此增收，看起来像是好事，但这使流转主体的经营建立在了高成本的基础上，动辄几百元乃至上千元的亩均流转费，已经超出正常粮油种植的收入。流转的结局，只能是非粮化、非农化。当然这也算结构调整，不宜过度紧张，但可惜的是，种植非粮作物或发展非农产业，收益高，风险也高，最终流转主体和农民都可能损失利益。

更重要的是，随着土地流转还带来一个劳动力“析出”效应，农民没事干了，坐等收益即可。但流转主体自己又干不了，还得把农民请进地里并为他们发工资。随后，管理农民又成了令人头疼的事情，成本高而效率低。

2. 返乡下乡创业要放宽视野

在返乡下乡创业群体中，很多人满腔热血，响应政府号召，体现助农情怀，但现实中却困难重重。此情此景，固然让人同情，但是如果把一切都归根到外在的因素，而不从自身找问题，恐怕不行。

我的观点很明确，返乡下乡创业绝对不是替代农民，农民可以干、愿意干的事情还是要交给农民干，返乡下乡群体应该避免与农民开展同质化竞争，而是要多在生产性服务业和供应链、产业链、价值链上寻找新领域。

原来人们以为要规模化经营就必须流转土地，但利用托管服务，也可以不流转土地就实现规模化经营，地还是农民的，但是整个种、管、收的环节都由托管服务机构按照几个统一的模式完成了，农民省心了，种地成本下降了，收益还增加了，实现了各方共赢。

“企业+农户”模式今天也有所创新。陕西陇县开发的产业扶贫“借袋还菇”模式，就是由龙头企业宏盛农牧把扶贫资金作为农民的股金，按统一标准在各村各户建立香菇种植大棚，统一加工袋料、接种菌种并提供技术服务，只把最后的生产环节交给农民。公司统一销售，较好地化解了产业规模难以快速扩张、农民直接从事新产业技术不过关、企业直接经营投资过多、劳动力成本过高和管理困难等一系列问题，效果良好。

对于大量的新农人而言，他们往往是从种几亩地、帮农民在网上卖东西起家的，实力小、带动能力弱，有的人在生产环节还与农民竞争。在此情况下，新农人也就不得不向电商的配套服务链、关联产业链主动撤退，让更多的农民直接走上电商前台。就复杂的电商供应链而言，早期的一些电商及时转型，从包装箱的印制、内衬板的配套到仓储快递的跟进，让农民省了不少心，创业企业也迅速发展起来，可谓思维一变天地宽。

3. 今天做农业贵在创新

现在方兴未艾的各种新型产销衔接方式，如众筹、预售、领养、定制等，基本是依托互联网开展的，普通农民一般不了解这些，新农人就有了用武之地，已经获得成功的不在少数。最终，土地还是农民的，种什么却由新农人代表终端消费者说了算，而且避免了现在常见的市场风险，各方都能从中受益。

返乡下乡创业要放宽视野，尊重农村的实际情况和农民的主体地位，我们可以示范引导，也可以与他们合作，但不宜替代他们，这样才能实现乡村振兴“众人拾柴火焰高”的效应。在服务“三农”的大领域中，一定有很多好的创业机会，将会出现一批农业创新型企业和人才。

4.6 新农人的起源、现状与未来

目前的新农人大致有四种类型：一是自给自足型，以追求食品安全为目的，一般固定在一个小的熟人圈子中，如初期的社区支持农业；二是回归田园型，逃离城市，享受田园，不讲究经济效益；三是改造农业型，带着理想追求，力图改变乡村面貌；四是谋求发展型，希望获得良好的回报，一般表现为资本下乡、投资农业等形式。严格来说，只有第三种类型的新农人才可以算得上真正的新农人。**因而，如果要给真正的新农人下定义，我认为新农人就是一群怀着深厚的乡土感怀，以理想主义的精神和创新思维从事农业的人。**他们要靠农业养活自己，但更多的是为了改变农村。

一、新农人的起源与演化

新农人的起源可以追溯到20世纪90年代，在第一批进城务工人员中已经有主动返乡务农或从事其他农村产业的人了，但新农人真正普遍起来，还是在21世纪，特别是近十年。新农人的产生既是城乡二元结构的特殊产物，也是经济社会发展到一定阶段的历史产物。

由于中国特殊的城乡二元结构，农村人可以离乡但不“离土”，因为土地的集体所有制可以保障农民在城里无法立足时或者想主动从城里回来时，有自己的土地可以耕种，也有自己的房子可以居住。所以，总有一些进城务工的农民会选择再次回到农村。

从经济社会发展进程来看，原先巨大的城乡差距逐步缩小，特别是在基础设施方面，道路交通、网络通信、商品流通等大幅改善。而农村空气新鲜、生态天然，于是当城市里的人们开始追求更加幸福的生活时，便急于摆脱城市的束缚，奔向广阔的乡村田野，这促进了乡村旅游的发展。于是，很多农村人从城里回到农村，也有一些城里人慕名来到农村，由此出现城市人口向农村的“逆向流动”。

在这个过程中，那些带着城市新理念、新技术、新资本回到或新来到农村从事农村创新创业的人，就是典型的新农人。

到今天为止，“新农人运动”大体经历了如下三个阶段：

一是早期的无奈返乡：大体在20世纪末到21世纪初。由于城市生活压力大、就业形势不好，一些原先在城市工作生活的年轻人虽然选择回乡，却也多了一些无奈，只能在农村打拼。

二是中期的主动返乡：大体在2008年后。这个时期，农产品在电商上开始爆发，初期从事农产品电商的创业者往往有农村背景，也具有熟悉农产品的优势，成为同期农村创业的佼佼者。由于同时满足了职业体面、收入可观的年轻人从业“双条件”，农村电商给了许多青年返乡创业的新机遇，从业人员数量迅速增加。

三是当前的积极下乡：大体在2012年后。这一时期互联网+农业风生水起，农村电商受到政府、大型电商平台和社会各界的有力推动，出现了大量城市青年知识分子主动到农村创业的热潮，一批白领、海归走进广阔的田野。从上海辞职前往新疆创办“维吉达尼”品牌的刘敬文等人，致力于以新的传播方式将南疆的特色农产品通过互联网销售出去。

二、新农人的特点、现状与面临的困难

不管来自何方，新农人都有一些共同的特点：一是具有新思维，勇于探索新常态下的新农业，把安全、可持续作为最重要的目标；二是展示新形象，甘愿为此付出，为自己从事的事业而自豪；三是运用新载体，站在时代的风口上，许多人是网络红人、电商达人，农村“双创”人员大多会运用互联网工具；四是做出新示范，给农民带来新思维、新理念、新方法、新技术、新载体、新平台、新出路，特别是在农业产后环节，在共享、众筹、预售、领养、文创等农业创新领域，都有新农人积极探索的身影。

当前“新农人运动”正表现出更加蓬勃的发展态势：一是从业者规模越发庞大。如果将整个农村电商的从业人员纳入计算范围，那么2017年农村电商的网店数已达985万家，从业者达到2800万人。二是从业领域越发宽广。从最初的直接从事农业到发展农产品电商再到现在的乡村旅游、休闲农业、三产融合，都是新农人积极探索的结果；现代农业服务业受到越来越多新农人的重视，特别是智能种养、无人机等新型社会化服务和农村生活在线化等领域。三是行业联系越发紧密。各地的新农人联合会、农人会等组织如雨后春笋般产生。虽然新农人的组织还不够规范化，但已初步发挥了积极作用。

当前新农人面临的主要困难如下：一是对农业、农村了解不够。有些新农人农业常识匮乏，经营效率与经营质量不高，甚至做出违背自然规律的事；有些新农人不会与农民打交道，难以融入农村，处于孤立无援的状态；有些新农人缺乏对自然的敬畏，盲目进行创新，投入过大而效果不好。二是专业化程度不高。面对跨界融合创新的新使

命，虽然他们努力打通经济学、社会学和生态学相关领域，但学习力度不够，难以面面俱到。三是心态不够成熟。这些年来，一些新农人违背农业的天性而异想天开，急功近利。还有一些新农人频繁“换频道”，最终往往“十年一觉扬州梦”。四是普遍缺乏有效的协作。由于主观、客观的原因，新农人往往一人身兼多个角色，在没有足够实力的情况下做起了全产业链，运营效率不高，亟待转变思维。

三、对“新农人运动”趋势的判断与建议

展望未来，“新农人运动”会随着乡村振兴而进一步发展，在从业主体上，会有更多的城市青年知识分子主动来到农村，为“新农人运动”带来新的气象；在从业领域上，新农人将大力开发农业多种功能，延长产业链、提升价值链、完善利益链，乡村共享经济、创意农业、特色文化产业等将成为热点；在发展形态上，会出现要素的整合、分工的调整、角色的转换，逐渐形成一个良性的农村创新创业生态圈。要想做好乡村振兴时代的新农人，我有四点建议：

一是务实而作。把握好理想与现实的关系，既要有长远的方向，也要有当下的小目标。**可以说，“活着”是许多新农人的第一要义，而尊重经济学与社会学规律是新农人的基本准则。**如果有机会，我建议大家阅读《一根萝卜的革命》，了解公益是如何与经济相结合的。要把握好创新性与专业性的关系，不是所有的新东西都可以应用在农业上，我们要遵循农业生产规律。

二是跨界融合。随着经济社会的发展，农业的多功能性空前延伸，农业与文化、旅游、教育等产业深度融合，新农人应该有跨界融合的思维。以当前的互联网+农业为例，互联网与农业要利用三种模式积极融合，一是互联网技术运用的智能农业模式，二是互联网营销综合运用的电商模式，三是互联网与农业深度融合的产业链模式。

三是善于合作。这个时代留给单打独斗者的创业机会正在减少，一个新农人的崛起，往往需要团队的力量。想让自己的事业长久，那就选几个志同道合的伙伴吧。现代农业的供应链、产业链、价值链正在加速成形，不同的新农人之间要联合，新农人与农村经营主体要联合，新农人与其他关联行业要联合，最后每个人都能找到适合自己的位置。

四是尊重农民。新农人要避免与农民进行同质化竞争，而应该在生产性服务业和供应链、产业链、价值链上寻找新领域。

不管未来如何变化，总会有辛勤的脚印留在绿色的大地上，还会有新农人在田园中劳作的身影，我为他们祝福。

4.7 进行农村电商创业要放宽视野

在农村电商的实践过程中，不同的阶段追求的目标是不一样的。比如在 2014 年刚开始的时候，重点是让农村普及电商，所以农村建立了很多站点，其中的主力军是各大电商平台，地方政府也给予了许多支持。但是，在人口稀少的地方建立的站点难以可持续运营，后来许多电商平台停止在农村扩张。

那么农村电商应该追求什么呢？从基层政府和群众的角度看，又是另一番景象。基层政府迫切希望能在网上将本地的农产品、特色的工艺品销售出去，而群众则希望通过电商把自家东西卖出去、脱贫致富。但从现实来看，追寻上述目标的思维比较狭隘。

一、农村电商不等同于农产品电商

农村电商固然要卖货，但农村还有许多东西都是可以从网上“卖”出去的。绿水青山可以在网上变成“金山银山”，从而让旅游电商成为农村电商的重要板块。一些地方的农村电商还包括跨境电商，如山东博兴县淘宝村的草柳编。这样看来，农村电商其实是一个很笼统的概念，是县域内所有电商要素的总和，不仅仅表现为农产品电商，还包括农资电商、旅游电商、工业品电商、跨境电商，当然也少不了本地生活服务电商。

二、农产品上行过分关注网络零售，忽视了其他渠道

目前，依靠网络零售把当地的农产品全部卖出去是相当困难的，绝大多数的农产品还是要通过传统渠道进行销售。其实，网络批发是一个值得重视的领域，也形成了一些有影响力的平台，如一亩田、中农网、惠农网等；也有一些中小型的农产品批发平台，如1688、美菜网等；还有垂直类的生鲜及农产品电商平台，如本来生活、易果生鲜等。所以，要加大农产品的销售力度，既要重视线上，又要重视线下；既要重视零售，又要重视批发；既要重视大平台，又要重视多渠道；既要重视传统电商，又要重视新兴电商。

因此，农产品上行不能把目光局限在整个电商交易中比重并不高的零售领域，而是要网上、网下同步，网上批发、零售并举，线上线下融合。同时，我们要对微商、拼多多等给予重视，也要对微博、今日头条、抖音、快手等平台开展的网上营销及在线销售活动及时跟进。

三、对农村电商的配套产业重视程度不够

地方政府往往把大量的精力放在培养农村电商市场主体上，培训了大量的农民，请来了不少电商企业，但是对农村电商的配套产业不够重视，导致电商服务业严重短缺，快递物流成为制约因素，仓储加工配套能力不足。配套产业其实是发展农村电商的重要内容，特别是电商服务业一旦发展起来就会成为新的经济增长点，吸纳本地就业的效果非常好。电商有了生态，创业也会跟着活跃起来，会孵化出许多农村创新创业企业，进一步推动产业发展和转型。

四、对农村电商最根本的产业基础重视程度不够

很多人羡慕安徽砀山的黄桃罐头微商做得好，这其实源于黄桃罐头加工产业基础好。而一些县的电商实际情况是，标准化滞后、产品质量不好，往往让电商难以为继。

总之，步入新时代，我们要进一步放宽视野，更好地结合农村的实际情况，以更宽广的角度推动农村电商发展，发挥出不同地域的特长和优势。

4.8　农产品电商创业难，不妨把目光投向电商服务业

在每年的“双 11”活动中，有些新农人却显得有些落寞。因为体量太小，他们中的大多数甚至连报名参加“双 11”活动的资格都没有。新农人遭遇了瓶颈，主要表现为流量越来越难以获得，最主要

的流量来自明星名人和媒体大号；微信公众号的打开率持续下降，微商陷入困境；与此同时，越来越多的农民掌握了电商工具，直接面对市场，而新农人则不幸沦为尴尬的中间商，运营成本高，低价竞争愈演愈烈，可谓压力俱增。

现在，农村出去打工的人越来越多，从事农业生产劳动的人数急剧减少，农业的社会化服务需求与日俱增，其中的链长很长，环节很多，内容十分丰富，仅仅一个新兴的植保无人机就吸引了许多创业公司与服务型企业。更多的新农人在农村积极寻找自己的创业方向，还有很多领域值得他们挖掘。

再说农产品电商，在传统生产加工企业普遍“触网”、农民纷纷直接“上网”的双重影响下，作为中间商存在的新农人会越来越难。企业有品牌和渠道优势，而农民有成本和价格优势；企业往往需要电商服务业提供支撑，农民更是在包装、物流、营销等方面需要帮助。一位从事水果生产的新农人与我交流，他表示自建电商团队对他们而言，不仅人才匮乏而且成本很高，所以他们还是回归到生产主体的定位，把电商交给专业的电商团队代理，同时继续通过传统线下渠道大量出货。给农民提供物流及包装材料供应服务，也让一些尝试转型的新农人干得有滋有味。

但许多新农人对电商生态体系的认识还不够，仅仅一个淘宝就孕育了许多电商服务商，从店铺装修、美工摄影到文案写作、客服运营，再到推广营销、数据分析等，都存在大量创业机会。随着农村电商的日益发展，电商服务业的需求会越来越强烈，新农人应该把握趋势，更加合理地为自己定位，把更多的目光投向电商的供应链、产业链和价值链及相关服务领域，寻找更多的新机会。

4.9 对新农人参与农村电商创业的六点建议

新农人的“新”，除了指思维新，工具新也是一个重要特征，很多新农人都在使用社交媒体和电商平台，新农人似乎又多了一些机会。但从实际情况来看，新农人在参与农村电商的过程中，并没有那么幸运，理想与现实的差距还很大。所以，新农人要参与农村电商，还需要进一步放宽视野，调整心态，找到适合自己的位置。我有如下六点建议：

一、放宽农村电商的视野

不是开网店、在网上卖东西就叫作从事电商，现在的机会越来越少了。原因很简单，一方面是竞争太激烈，1200 万家淘宝店共同争夺顾客，后来者上位极其困难，很多后开的淘宝店流量惨淡；另一方面是不专业，很多人根本不懂淘宝的规则，难以吸引顾客，更留不住顾客。还有，一些农产品并不适合在网上销售。所以，现在要放宽视野，只要是参与了农村电商中的任何一个环节都是从事电商。

二、找到适合自己的位置

整个农村电商的生态就像池塘，鳙鱼和鲢鱼生活在水的上层；草鱼主要生活在水的中层；青鱼、鲫鱼、鲤鱼生活在水的底层；而不是大家都挤在水面冒泡。“宁为鸡头、不为凤尾”的思想对于电商而言并不可取。如果自己卖货很辛苦，何不去抱上一个电商的“粗腿”，安安静静地做个生产者呢？所以，只要实现了发展，又何必苦苦追求所谓的“独立山头”？

三、调整好做电商的心态

不能浮躁，不能急躁，唯快不破对新农人来说不可取。要一步步来，不能怨天尤人，更没有人愿意接受傲慢与偏见。

四、搭建好自己的团队

高铁为什么跑得那么快？因为每节车厢自带动力，与车头协同运作。所以，创业要靠团队，运营要靠团队，管理同样要靠团队，一个人的单打独斗不可行。如果想把企业做大，那就认认真真地思考如何组建自己的团队吧！

五、在合作中共赢

力量单薄的新农人要成为“全能冠军”十分困难，但联合起来却可能是超人！在平台方面，新农人可以借助平台而不是急于建造平台；在服务商方面，当自己不够专业的时候，服务商的培训、服务、引路则十分重要；在供应链方面，需要多方协同用力，包装、冷藏、品控、配送等任何环节出了问题，都有可能功亏一篑；在产业链方面，大多数新农人是不生产农产品的，只是农产品的搬运工，与农民及生产基地的协作“决定生死”。信息的交汇、经验的交流、商机的发掘，每个新农人都应该重视。

六、在不断学习中进行反思

今天，我们可能不缺懂互联网的人，也不缺懂农业的人，但缺既懂农业又懂互联网的人，即跨界的复合型人才。新农人所从事的事业，实际上就是在跨界融合，新农人必须学会融会贯通，形成复合本领。农村电商的未来一定还会有许多变化，新农人也必须随之调整。

4.10 新农人的转型

我曾经提出过这样一个问题——在农村电商发展过程中，群众的力量越来越强该怎么办？很多新农人不以为然。一方面，电商上的价格战愈演愈烈，利润越来越少；另一方面，农民越来越不愿意做幕后的供应商，而是直接走上了电商前台，通过淘宝、微信、抖音等直接销售自己的农产品。由此，新农人成为尴尬的中间商角色，更加无利可图。

趋势难以改变，简单地收购农产品，然后在网上销售出去，已经越来越难了。于是演化出两种现象：一种是进一步在包装、营销上下功夫，力图通过品牌实现更高的溢价。但可惜的是，曲高和寡的居多，因为品牌并不一定意味着高价，没有达到消费者的心理定位，没有打动消费者的内心，一定是难以实现高价的。另一种是选择退出，大方地将农民让到了前台，让他们成为电商的主体，而自己则从电商的前端交易退到幕后的服务体系之中。

电商的生态圈足够大，产业链容得下各个环节的运营商。如果新农人与生产农产品的农民形成正向竞争，明显缺乏价格控制权，不妨退后一步，在广阔的供应链中寻找自己的用武之地。

电商固然是要去中心化的，但却不会消灭中间商，特别是中间服务商。目前，农产品上行不力，一个重要原因是缺少中间服务商，现在更多的新农人、农产品电商创业者需要适当退后，把市场的主体逐步让位于农民，把农民做不了的电商服务体系特别是供应链体系做起来，大家取长补短，携手共赢。江西的全城电商，把自建的平台变成了信息对接、供应链服务和人才培训平台，找到了新的市场立足点。

未来，不需要这么多中间商，但中间环节却必不可少，靠中间环节层层加码来挣钱会越来越难，但靠提供从田间地头到市民餐桌的系列服务却大有机会，这就是供应链受到关注的重要原因。

所以，随着农村电商的深入发展，新农人和电商创业群体完全可以让位于农民，及时捕捉市场热点，成为新时期农产品电商潮流的引领者。

4.11 电商人才的“双城记”

显然，人才是当前电商发展的一大痛点。农村电商缺人，城市电商也缺人。

缺人并不意味着没有人才，而是要看如何培养人才、挖掘人才、留住人才。一位分管电商的县长问我：“用什么靠谱的办法才能把人才留下来？”我开玩笑地告诉他，留人要留心，如果你把这个人变成你们县的儿媳妇或者女婿，对方可能就不走了。县长顿时哭笑不得。

这虽然是一席玩笑话，但是一个县城拿什么才能留得住人才呢？恐怕返乡创业者是最佳选择，却需要苦苦寻觅。

人才的困境还体现在电商创业公司身上。有一位电商的创始人问我："如何才能请到靠谱的人才？"我表示不太好办。如果给他开很高的工资，你们养不起；如果给他开一般的工资，他们不敢来。解决办法是先从你自己开始，等你做出了业绩，感动了自己，也会感动别人，逐渐就会有人加盟，这就是创业合伙人。当创业合伙人愿意来的时候，他们一般都不会太计较工资的问题，因为他们更注重未来。

其实，人才成长自有规律，才能只是外在表现，内在的人性依旧难违。虽然大家情怀满满，但绝对不意味着大家可以在深山老林、穷乡僻壤长期待下去。

于是，出现了一种现象，很多农村电商企业前端的运营团队位于城市，而后端的生产、加工、仓储、物流位于县城和农村，可以形象地称为"双城记"，这是一种可行的策略。有人可能担心这样会使企业成本太高，实际上在互联网时代，两个异地的团队联系起来并没有太大的问题，成本也不算太高，要是和县城留不住人才这样的隐性"高成本"相比，"双城记"也算是经济实惠了！

"双城记"已经有了不错的表现。陕西的西域美农，采用的已经不是"双城记"，而是"多城记"了。它的生产源头在新疆，那里的团队负责生产、与农民打交道、把好第一关；仓储分装基地和物流基地在陕西武功，便于有效利用这里便捷的交通、便宜的物流及较低廉的劳动力；电商运营团队则在西安繁华的开发区，为的是更好地招揽人才；它还在杭州建立了分公司，主要是为了和平台打交道。今天大型电商的"双城记"甚至"多城记"已经很普遍了，杭州的阿里巴巴仅北京总部就已经有过万名员工了。

"双城记"也不是电商首创的，而是一些传统企业的成熟做法。很多大型企业的总部建在了北京、上海、广州，但生产基地在中部或西部地区。

当越来越多的电商企业逐渐成长起来时，我们必须关注人才的基本规律，前端运营放在城里有助于吸引人才，而后端则可以继续放在县城，以推动人才本地化。通过有效管理，保持“双城”企业之间的来往便利和沟通顺畅，要让“双城”企业之间的人员进行轮岗，也要经常开展一些类似走基层的活动，避免与实际脱节。

4.12 农产品电商创业难的原因与建议

有一些做农产品电商的人向我抱怨，做农产品电商越来越难了，产品不好卖，也卖不了好价钱，挣钱更难，有什么好的方法？我对他们的处境深表同情，但是，“难”可能是真实的常态，做任何事情都没有人能随随便便成功。

1. 农产品电商创业越来越难的六条原因

第一，大家都进入这个领域，你可能会感觉很拥挤。目前淘宝店铺有上千万家，微商也超过 1500 万家。打开淘宝和微店，网上能卖的农产品基本都有店主在卖了。如果你现在还要步别人的后尘，那么肯定无法轻易成功。一些店铺用了很长的时间连“从 0 到 1”的第一单都很难突破，这其实也合乎常理，因为一般的消费者不可能随便在名气不大的店铺下单。

第二，农民学会“上网”，你感觉自己“夹”在中间。当农民熟练地在网上叫卖“自家苹果只需 29.9 元”的时候，你可能会感到无比悲哀。因为，你的运营团队，你的筛选损耗，你的包装，你的仓储等，都加入了新的成本，电商是去中间化的，而你却成了电商的中间商，你的价格怎么能和农民的价格直接比拼呢？

第三，价格纷纷降低，怎么卖都感觉会“亏”。这里面有两方面的原因：一方面是农产品的溢价空间比较小，另一方面是一波又一波的促销活动，不但拉低了农产品电商的均价，而且让同行被迫陷入低价营销的泥潭。

第四，新零售来了，传统的纯电商开始有“尴尬”的感觉。这些新零售企业在线下有仓库和门店，在线上有平台和流量，外围还有宣传推广，让供应链还很不齐全的电商从业者和技术上捉襟见肘的创业团队自叹不如。

第五，新技术已经来了，目前的电商又感觉到“落后”。网红开始在直播中卖货，微博、今日头条、微信公号也都可以卖货了。大数据、云计算已经介入农产品领域，可追溯体系、无人机配送、智能仓配、冷链物流等，也纷纷在农产品电商上“大显身手”。因此，传统农产品电商创业者只能感叹自己落后了。

第六，资本来了，自己已经被“冷落”了。以三只松鼠为例，传统的“淘品牌”开始分化，要么在资本的助推下走向更大的市场，要么可能被边缘化，被迫转型甚至被收购。投资是为了赢利，当风投一个劲儿地向农产品领域砸钱的时候，当一波又一波的生鲜新零售、农产品线上线下融合项目得到投资的时候，能不能获得资本的青睐已经决定了你的团队能否走得更远。那些被选中的团队是幸运儿，但也有可能因为资本的加码，反而死得更快。

2. 农产品创业的三条建议

第一个思路是“转”。传统商业注重人无我有，人有我优，电商依然可以借鉴。目前，农产品的同质化问题非常严重，如果要在激烈的竞争中率先杀出来，就要不断挖掘战略新品。当大家在网上卖枣已经“杀红了眼”的时候，枣夹核桃在 2014 年冬天开始大卖，让捷足先登的团队享受到了足够的战略新品红利，而 2016 年跟风上马的企业已经挣不了多少钱了。在卖核桃方面，有的企业率先开发了核桃分心木、核桃竹炭等新产品，也在初期得到了丰厚的利润。农产品的领域非常广泛，精深加工的空间非常大，我们需要用眼、用心、用自己勤劳的双手去开发新产品，获得与别人不一样的新发现。

第二个思路是"优"。消费正处于转型升级的时代，传统的模仿性、排浪式消费几近终结，而基于消费者自我需求的个性化、定制化、差异化消费逐渐兴起。农产品的同质化在消费升级面前已经显得不合时宜了，有时不是农产品卖不了好价钱，而是缺乏让消费者愿意出价的农产品。所以，就需要进一步对农产品进行市场细分，体现差异化，提高产品品质，提升品牌定位，注入文化内涵，给消费者不一样的新感觉。

第三个思路是"变"。现在的情况是，所有的创业者几乎都在网上开店，最终的结局无异于"千军万马过独木桥"，竞争必然激烈，要想取得成功注定很难，所以要在思维上适当调整。这几年的情况表明，做农产品电商有时候还不如做农产品电商服务。企业需要自己卖货还是需要做卖货服务者，完全可以根据实际情况做出选择。

农产品电商创业需要实践，最终都需要创业者在实践中结合自己的实际情况去探索。坚韧不拔的奋斗者更会被时代垂青！

4.13 褚橙对创业者的启示

随着褚橙的火爆，褚时健的名字家喻户晓，关于褚时健和褚橙的文章有很多。我觉得褚橙的成功有如下三个重要因素。

1. 褚时健的人生理念与创业者的初衷

褚时健身上洋溢着企业家精神。从一开始工作到最终通过褚橙复出，没有人迫使他做到极致，是他自己选择了极致，选择了不懈奋斗。他曾说："我这一生就讲一点，要负责任。在任何情况下，我都要有所作为。只要活着，就要干事，只要有事可做，生命就有价值。不管境况如何变化，我对自己、对事业、对家人、对社会的责任心不变。"

但褚时健也强调，讲责任并不是原动力，讲责任可以让人不犯错，但不会推动一个人不断创造，他有更高的人生价值追求。也正是通过这样的人生理念，他走到了今天，取得了成功。一个只追求金钱、只以企业上市为目标的人到不了这种层次，也不会有这样的成就。真正的企业家，无不是以强国富民、回报社会为终极目标的。

2. 褚时健对品质的苛求与网红创业项目的消逝

现在许多人通过互联网营销"一夜成名"，但是又有多少人能持久地走下去？一个企业要持续走下去，打造成百年老店，最根本的是产品要过硬，品牌要响亮，而支撑这些的根本又是品质。褚时健深深认识到，一个产品如果没有好的品质，无论怎么打广告，无论用上多好的设备，最终都不管用。

在农民很心疼的情况下，褚时健砍掉了密度过大的树，换了肥料和配方，而且不惜因为田园管理问题与弟弟"决裂"，最终他种出的橙子味道非常好。

所有的营销只是过眼烟云，没有被消费者认可的产品注定走不远。所以，对迷恋于互联网营销的创业者而言，还是要潜下心来，花上几年的工夫打造出品质好的产品，这样才能厚积薄发。

3. 褚时健管人的方法与创业者管理的软肋

企业管理最为核心的就是管人，人可以说是世界上最难管理的了。褚时健做了一辈子的企业家，对管理学中人的问题感受很深，也有很多心得。在他的管理实践中，其他成本都是下降的，只有人的成本是上升的。人不仅仅是管理的工具，更是目的，需要不断提高人的待遇、人的成本。他把人划分为四个层面，工具人、经济人、社会人和决策人。工具人就是员工，他们要服从管理，听从指挥；经济人就是管理者，他们要理解员工的利益诉求；社会人就要强调为员工创造有归属感的工作环境；而决策人，无论管理者还是被管理者，都是不同的决策者，拥有共同的决策目的。

他把这一套理论也用在了管理橙园上。他把果园的员工按梯次结构分为果农、作业长、专业技术人员和公司管理者。对于农户，他把果园承包给 110 户农民，每户 23 亩左右。他给新加入的农户进行培训，让他们不断学习、调试，从熟悉果树的种植到开花、结果、采摘等各工序，每一道工序都要达到要求才算完成，实现从农民到农工的蜕变。不仅如此，他给果农规定了采摘等作业的时间，而且按严格的质量标准把果农的橙子分为一级果、优级果和特级果，级别不同价格也不同，不同承包农户的收入差距可能很大。在这种情况下，农民就会想办法去学习，提高自己的果园管理水平。

褚时健对农民的管理虽然严格了一些，但是，他把果园管理得很好，给予了农民足够的关怀，让大家感觉到家的温暖。

农民管理的复杂性远远不止这些，褚时健总结出了一套行之有效的办法。比如对于劳动工具的使用，工具可以免费发放，但是损坏的维修费用由企业和农民各出一半。同时，他给了农民劳动的相对自由度，农民可以自己掌握，不强求每天几点开始几点结束，因为田间劳动毕竟不是机器的流水线作业。

4.14 值得认真借鉴的互联网创业误区

在创业的道路上，适时地了解别人创业的经历，对于自己的创业无疑很重要。你能够了解有哪些坑是前人已经跌过而自己无须再跌的，有哪些迷茫与彷徨曾经困扰他们，你可以借此修正自己的创业之路并增添新的勇气与动力。

《教训：互联网创业必须避免的八大误区》总结出的互联网创业八大误区分别是：盲目照搬国外模式，忽视国情、不接地气；自己定义的需求不一定是真需求，如上门洗车、上门美甲等；曾经的经验是财富也可能是“包袱”；环境巨变，故步自封会产生危机；大规模转型风险高，有的时候需要“壮士断腕”，但更多时候是小步试错；快速成长下的过度膨胀和管理失控，无论互联网还是传统企业，最终的成长都依靠管理；“兄弟义气”埋下内讧隐患，创始人之间的决裂无疑是创业公司最大的伤痛之一；过于依赖合作，总会出问题。

我接触过很多农村互联网创业者，高度集中在农村电商和农产品微商领域。所以，我对上述八条教训更看重第一条和后三条，因为对于涉农的创业者而言，更多的是模仿。

先来说盲目照搬国外模式，一个很有意思的现象是，当国内的生鲜企业不约而同地走向资本扩张的道路，企图以迅速扩大规模来降低成本、换来赢利时，B2C 电商亚马逊却让旗下的生鲜电商在一个城市“蜗居”了十年之久，迟迟不见大举扩张。显然，仅仅从表面看，不深究商业的内在逻辑和实现路径，最终的结局就是跑得越快，跌得越惨。大的生鲜电商尚且如此，而一批中小电商和创业者却还在模仿这些并不成熟的做法，最终的结局也就可想而知了。

对于后三条教训，有一定规模的团队尤其需要注意，保持团队的稳定十分重要。

首先，团队成员定名分。随着业务的增加，核心创始人的地位必须明确，而且要体现在股份比例、决策权等方面。

其次，利益问题要“先小人后君子”。股权分配、退出规则、矛盾解决等常见问题一开始就要明确，最好的状态是好聚好散、事业长存，较好的状态是生意不成仁义在，最糟糕的状态是反目成仇、分崩离析。

再次，绝对不能犯“大头病”。刚走了几步就想跑，被鼓励了几句就飘飘然，结果往往适得其反。

创业如果是一场修行，那么一定充满反思与反复，但只要前进的脚步不停歇，最终就会像曲折的河流一样流入大海，否则很可能成为消失在沙漠的内陆河。

4.15 创业新品的成与败

对“战略新品”的渴求是无数创业者的梦想，但这个世界有很多新品可能会“老死厩中”，或者不温不火，与预期相差太远。特别是在电商上，有太多的“互联网冲动”。但一切都不简单，我们总是有太多的想法，却很少有人为此认真付出，这大概就是悲剧的根源。

“君何多情似花心”。民以食为天，食品方面的“战略新品”总是层出不穷。然而，在食品功能上的无休止夸大宣传，在今天已经让大家没有了感觉，因为宣传过度，反而让人们觉得不可信。最终导致的结果往往是，老少咸宜的，老少都不买；对各类人群都有用的，大家都不用。四十多年前，《定位》这本书就讲过，产品必须以合适的定位来“占领”消费者的心智，让他们觉得这个产品是好的。显然，这个定位绝对不会像“扫堂腿”一样，扫倒一大片，而更多的是盯住一类人群。

“奈何真心输美颜”。我们天天说腊肉不健康，吃烧烤对身体不好，抽烟不好，但是我们经常痴迷于此，这是人们的消费悖论。道理都明白，但人们就是做不到，感性消费经常战胜理性消费。这一点又让许多食品类的“战略新品”栽了跟头。如果这个东西不好吃，也是没有“前途”的。外国人吃菜生着吃，中国人大多是肉菜炒在一起，色香味要俱全，差异在此。这大概是因为“食不厌精，脍不厌细”的习惯传承吧！类似地，糖心苹果比一般苹果好卖，人们选择糖心苹果是因为其更甜，却不管糖度太高好不好。

“刻舟求剑瓜洲渡”。看到小罐茶的火爆，有的人不屑一顾，但跟风者还是纷至沓来。事实上，从如今的消费现状看，生理消费已经让位于心理消费，满足某种心理需求比满足某种实用功能可能更重要。或者说，在都具有实用功能的条件下，谁的心理功能更强谁就能胜出，最后导致“买椟还珠”，包装好的产品更胜一筹。然而，很多新品的开发还受到传统思维的束缚，物美价廉固然好，但往往便宜无好货，货真价实就显得可贵。

“春花何曾等秋月”。开发一个新品类，前期总是需要做大量的宣传工作。如果不把爱情与永恒作为卖点，钻石怎么会成为结婚的信物？如果不把风险和保障作为卖点，保险公司又如何运营？红酒推广了一个多世纪，中国人正式请客还是白酒“当家”。马铃薯进主粮，口号喊了已有几年，但人们还是喜欢把它当菜吃，对其作为主食的好处的宣传还是不到位，配套主食产品跟进不够，当然其中也有成本与价格的问题。所以，很多新品不是“死”在了对手的竞争上，而是“死”在了自己的没有耐心上。

“误把前坑当新宝”。创业者认真鉴别所谓的创业新领域是很重要的，对应的产品命运也会由此决定。很多创业项目其实很多人已经试过了，这些项目确实不能做。但直到今天，不少创业者还在幻想着并无创新的平台梦，结果可想而知。

“皮毛岂可当真经”。盲目跟风恐怕是创业过程中最让人痛心的了，就像新零售，线下开店只是一种形式，很多人却将之视为“标配”，最终只得“丢盔弃甲”。创业者，创新之基业也，无创新亦无新业可图。

消费升级是一个很复杂的概念，你可以在其中选一个新的单品去做，小心翼翼地试错，慢慢积累用户，不断进行微创新，这些可能是比较正确的方法。

4.16 管理是创业者必须跨过的一道坎

我曾经委婉地提醒过创业者：在创业之初，没有别人的理解和帮助，只能自己起早贪黑，尽最大的努力铺开摊子，个人能力决定了初期的创业状态；当一个企业逐步壮大时，创业者就是主要管理者。如果管理得不好，很容易出现战略把握、内部管理、对外融资、产品决策等方面的失误。从某种程度上讲，管理的效果与事业的高度有关，管理的水平会深刻影响企业的发展。

管理十分重要。

创业者遇到了瓶颈，企业的发展也会受限。此刻，如果创业者没有及时进行角色调整和管理改进，那么企业很可能倒闭。

我们再来看互联网企业。互联网企业在成长过程中往往伴随着融资和股权的迅速变化——也就是估值和“烧钱”。创业者之间的关系处理十分重要。前期，几个创业者可以一起打天下，但当企业做大的时候，就必须将股份差异化。

最重要的管理变化就是创业者必须懂得如何放权，懂得如何分配股权和企业的利润，懂得如何留住人才，懂得如何平衡企业的长期和短期发展目标，懂得如何平衡各个部门之间的关系。

管理是一门学问，没有人是天生的管理者，只有在实践中才能形成管理的经验和认知。管理出现了问题不可怕，只要能够吸取教训，就会让以后的管理更加科学。

4.17 直播卖货还能火多久?

近几年，直播非常火，直播带动了商品销售，直播卖货可谓风头正盛。

到底有多少人在进行直播卖货呢？《2019 年淘宝直播生态发展趋势报告》显示，2018 年淘宝直播平台带货金额超过 1000 亿元，同比增速近 400%。

在斗鱼、虎牙等直播平台和抖音、快手等短视频平台上，也有大量的直播卖货者，其中不乏普通农民的身影，这让农产品电商和电商扶贫有了新路径。抖音上的“巧妇 9 妹”，既拍摄视频，又进行直播，几年下来累计销售的当地农产品金额超过千万元，真正实现了山货出山。在快手上，甘肃陇南的返乡创业者尚育康一年就积攒了 42 万粉丝，视频的观看人数达到千万人，他的养殖场的大多数鸡蛋都是通过快手销售的。

为什么直播可以卖货？因为直播很直接，一目了然，十分真实，容易让消费者产生信任感。同时，直播平台打通了直播与购物，消费者轻轻触屏就能下单；加之消费者的购物心理正在发生改变，由简单的买东西向享受生活转变，直播有趣、好玩且真实，营造了一种新的消费场景，直播卖货也就顺理成章了。

农产品直播的火爆与农村的特殊场景分不开，农村的一山一水、一草一木、庭院生活场景等，都能引起城市人的兴趣。通过直播展示出原生态的农产品，能让消费者看到更多真实的农产品生产场景，从而产生购买农产品的欲望。最近，很多地方在做电商扶贫的时候，都注重通过直播平台卖货，效果很好。

直播卖货的火爆还与平台的大力推动分不开。如今，互联网人口红利逐渐消失，流量越来越重要，但获取流量的成本越来越高。以直播这种大家喜闻乐见的形式赢得粉丝，促使粉丝转变为消费者，用这种方式获取流量成本相对较低。各大平台不遗余力，出台了许多优惠措施，上线了许多新功能，为优秀直播商户提供培训，进一步让直播卖货成为潮流。

但直播卖货也出现了一些不和谐的现象，一些商品质量不过关，即便宣传得很好，也注定无法长久。例如，有的卖家重销售轻售后，后续的退换等服务跟不上，导致消费者不满意。

直播卖货只是形式发生了改变，消费者对质量、品牌等方面的要求并不会降低。直播红红火火，产品也要过硬，农产品关乎身体健康，卖家更应按照《中华人民共和国电子商务法》的要求，老老实实做事，这样才会持续赢得消费者的信任，促进直播卖货更好地发展。

第五部分

电商扶贫中的基础建设

5.1 农村电商站点的前世今生与后续运营

2016 年，我曾经在中部省份的一个村子看到四个不同的电商站点，它们全都集中在村子的中心，我不禁想，一个村子能负担得起这么多电商站点吗？农村地域广阔，人口密度比较低，运营成本和运营效率往往存在问题。从 2016 年后，农村电商站点的建设热度已经明显下降。基于电商扶贫的需要，农村电商站点作为农村新公共服务体系的组成部分之一，新建的步伐依然会继续，而且会得到项目支持，但如何可持续运营，是一个值得思考的现实问题。

农村电商站点的建立要追溯到 2013 年。那时，浙江遂昌县农产品上行率先突破了一个亿，农民网购积极性明显提高，在没有电商服务网点的情况下，出现了代淘一族，如代购一族、代付款一族、代收货一族。在发现这一需求后，赶街网应运而生，很快在农村建立站点，并配套在县上建立运营中心，这成为电商下乡的基本参照模板。但令人遗憾的是，各大平台对赶街网模式盲目模仿，却忽略了一个重要事实——浙江遂昌县的农村电商是先有上行，后有下行的。顺序上的颠倒，导致电商下乡容易失去立足点，做农村电商不能只让农民买东西而不帮农民卖东西。

农村电商站点初期大多是搭载在原有的小卖部上的。后来，电商下乡转向独立建站。但新的问题也随之出现了，在农村电商普及率很低的情况下，前期推广、运营成本很高，业务量不大，站点负责人的收入难以提高，许多怀揣梦想的年轻人很快就打起了退堂鼓。

现在，新零售已经蔚然成风，便利店也逐步从城市进入农村，农村商贸流通业在短短几年间发生了重大变化，传统小卖部也正在发生变革。小卖部的超市化是一个重要现象，但面临数字化管理的问题，夫妻店不具备解决问题的能力。在这种背景下，阿里巴巴、京东各自宣布了开 100 万家实体店的计划，对现有的夫妻店进行改造，为其配上超强的供应链体系，在提升消费者购物体验的同时，大大提升了管理效率，也降低了成本。

农村电商站点该怎么做？要一切从实际出发，走群众路线。

首先，没有必要完全独立建站，也不必强求形式统一。可以因地制宜，也可以在村子中心独立建站，还可以建在村委会或者医疗卫生室旁边，不必整齐划一。

其次，在没有商业平台愿意承接建站时，要学会借力。要把服务点延伸到农村，给予较成熟的电商服务企业及创业团队相应支持，支持他们进行后续运营工作。

最后，要给农村电商站点提供系统性支持，避免其孤军奋战。一个单独的便利店是没有上行能力的，便利店必须要有一整套农产品上行体系和服务功能。要围绕农村电商站点，把负责人变成整个上行体系的前端，负责人要把控农产品信息及供应链，至于网络营销、包装设计、标准制定、品类选择等，则需要运营中心来统筹考虑。

要正视城市与农村的差别，少注重形式多注重实效，站点形式可以多样化，只要能发挥实际作用即可。

5.2 以长远的目光做好农村电商站点建设工作

农村电商站点建设的核心问题是前期投入较大、维持运营困难。在此，我提出五点思考。

一、多从民生的角度了解建设农村电商站点的意义

在中西部地区特别是贫困地区建设农村电商站点确实难以赢利，但农村电商站点是服务群众的最前沿，是老百姓享受信息化红利的基本载体，无论收发快递还是网上挂号、买票，都属于民生服务。所以，建设农村电商站点是发展农村电商的重要内容。

二、农村电商站点的建设可以因地制宜

农村电商站点的建设不能一刀切，各地必须从实际出发。应当重视农村电商站点与传统便利店的结合和改造，降低运营成本。最关键的是，要找到可靠的人，以便更好地建设农村电商站点。

三、在农村电商站点的后续运营方面要多想办法

初期，补贴是必要的，但难以长久，赢利的核心是业务收入。以前，站点负责人的主要收入依靠下行订单的返点，但偏远山区和人口少的村子，返点收入很低。后来，站点负责人进行电商上行，但供应链问题难以解决，产品标准化困难重重。所以，要考虑站点负责人兼业的问题，若原来站点负责人有自己的小卖部、农资店、家电经销部

等，则可继续经营；若站点负责人独立经营站点，就要支持其从事其他相关工作，如村级的信息报送员、农产品买手、配送员、农业保险经办员等工作，腾讯推广的“为村”项目，也需要村级运营人员。一些县上自营的站点，则要对接到阿里巴巴、京东等大平台上，以便于拓展业务范围。

四、对农村电商站点的考核要从实际出发

理想的状态固然是下行、上行双向打通，但实际情况并非如此。有的村农产品形成规模，农产品容易在网上销售，村点的上行规模较大，下行规模较小。一些村主产粮食等大宗农产品，主要从传统渠道销售，很少从网上销售，村点以下行的服装鞋帽、生活日用品、家电等为主，上行较为困难。一些贫困村，人口基数小，上行、下行都困难，在考核时就要从实际出发。

下行最终到村，而上行大多不到村，因为很多村发不了快递，也没有仓储冷链，更没有配套设施。在考核时，要把这些村的青年销售当地的特色产品量算进去。

五、对农村电商站点的作用发挥要有一些耐心

在智能手机普及后，淘宝、拼多多的用户迅速下沉，村点的大屏幕就显得多余了。

对于村点的上行功能，各方期盼不小，但其中困难重重。下行对于村点而言，只是接到了最后一棒，而上行要开启新的链条，产品质量要好，货要码齐，包装要美观，文案要新颖，后续的客服、物流等环节的问题要逐一解决。若不给予负责人相应支持，让他们孤军奋战，结果可想而知。只有把快递物流、仓储冷链延伸到农村，负责人才能轻装上阵。

5.3 破解农村电商物流“最后一公里”问题

物流不发达，农村电商就难以发展；物流不高效，农村电商就难以做强。农村地广人稀，农民居住分散，基础设施薄弱，一般电商物流在农村根本无法实施，致使物流成为农村电商的最大瓶颈之一。如果不打通这“最后一公里”，工业品无法下行，农产品也难以上行，那么农村电商的发展就会步履蹒跚。从实践来看，破解农村电商物流“最后一公里”问题需要“草船借箭”“梯次转运”。

所谓“草船借箭”就是要更好地利用农村现有的物流体系，否则新建或单建农村电商物流体系将十分困难。从哪里“借箭”？首先，借中国邮政的“箭”，偏远山区的物流保障依靠中国邮政；其次，借农村运输班车的“箭”，搭“顺风车”；再次，借农村商业体系、供销体系的“箭”；最后，借私人运输队伍的“箭”。充分利用现有资源，可以大幅降低物流成本，节约社会资源。

所谓“梯次转运”就是要通过分级转运，将包裹逐级送到农民手中。必须在县城建立大型分拨中心，等所有包裹汇聚到这里之后，进行扫描转码，然后重新打码，插上各个乡镇的牌子，分拣到各个乡镇，再根据路线，将几个乡镇拼成一个邮路，把包裹分送下去，这样才能降低成本。有的村位于平原，运输车辆可以直接到达村服务点；有的村位于山区，运输车辆可能需要在乡镇再周转一次。最终再由村上的服务点将包裹送达农民手中。

要想从根本上解决“最后一公里”的问题，就需要尽快培育、发展第四方物流，全面承接各大第三方物流送到县城的快递，专门做“最后一公里”的配送，再把“最初一公里”的快递拉回来，达到降本增效的目的。根据一些县的实践，第四方物流是可以赢利的。

总之，破解农村电商物流“最后一公里”的问题，需要大智慧、接地气，更需要开放、协同、融合，只有这样，才能在共享资源的基础上大幅降低成本，走出困境。

5.4 贫困地区农产品物流的降费问题

说起贫困地区的农产品上行物流，普遍表现为价格高、速度慢。比如快递价格，东部沿海地区首重 3 公斤才三四元，而中西部贫困地区首重 1 公斤就需要十几元，贵的超过 20 元。对于本身价格不高的农产品而言，难以承受这么高的物流成本。再说速度，快递从东部沿海地区发往全国，差不多三四天就能到，然而，快递从中西部贫困地区发往全国，往往要花一个星期。

贫困地区往往交通不发达，物流单量也很少，因此物流价格非常高。如果交通条件得到改善，物流单量提高，那么价格就会迅速下降。目前有如下解决办法。

第一个办法：政府补贴。

政府补贴可分为“硬补贴”和“软补贴”。所谓“硬补贴”，就是直接对物流进行价格补贴，如原来首重 12 元，政府补贴 5 元，首重就下降到 7 元。但“硬补贴”的问题是，政府财政压力很大，无法长期持续。“软补贴”不直接对价格补贴，而是对物流的基础设施进行补贴，也可采取以奖代补的方式。“软补贴”能够有效降低成本，效果也比“硬补贴”好，物流公司也愿意接受。例如，山西的贫困县隰县的闲置场地可以作为公共仓储空间，政府将其免费提供给物流公司，当物流公司的运营成本降下来以后，物流的价格也就下降了。

第二个办法：抱团取暖，提高效率。

物流价格高，一个重要原因是贫困地区的农产品上行物流订单比较分散。但是如果把零散的单子收集起来，固定发包给一个物流公司，在单量规模扩大之后，价格就会大幅下降。例如，陕西的武功县把零散的物流订单收集起来，与一家物流公司谈好价格，一件快递的首重为 3 公斤 4 元，在没有补贴的情况下，效率提升了，成本也下降了。

第三个办法：异地分仓。

如果贫困地区的订单量较大，交通十分不便，物流的配送量也很有限，就可以考虑在异地设立分仓。一般可以在地区级城市的所在地设立分仓，把快递放到那里的仓库，利用分拨优势和便利的交通条件，以较快的速度和相对较低的成本发快递；还可以在主要销售区域建立销区分仓，利用大数据科学分析、核算分仓的运营成本，确定分仓规模，配送效率就会大大提高。

第四个办法：整合上行下行。

目前，农村电商的上行和下行物流还没有得到完全整合，一般在贫困地区，送进来的快递多而发出去的快递少，物流车辆的返程空载率很高。政府应该鼓励成立一个县域内的第四方物流，把各家物流公司送进来的快递通过集中整合的方式由一个公司统一配送到农村，可以大大提高效率，降低成本；通过第四方物流把分散的物流单子收集起来，统一交给物流公司配送，也可以大大降低农产品上行的物流价格。

随着贫困地区农村电商的逐步发展，基础设施不断完善，农村上行、下行物流订单不断增加，未来，农村的物流价格将不断下降。

5.5 光头强可以收快递对农村物流的启示

我陪孩子看《熊出没》时发现，《熊出没》中的光头强会通过电视购物买很多东西，随后就有车将他买的东西送上门。

光头强可以收快递对农村物流有一定的启示。

《熊出没》没有告诉我们光头强的收货周期是几天，不过他没有着急催货，可见收货周期应该不太长。因此，县域内的二次分拨很重要，先在县城把快递集中起来，按照县域内的乡村分布，划为几个邮路，二次分拣，再集中配送，这样就会更高效。要注意，现在的快递需要追溯，在二次分拣之前，首先要扫码入库，并贴上新的二次转运码，以便随时可以追溯。

如果光头强的住所不临街会怎样呢？恐怕他得自己去路口取快递。在农村，如果村子不在交通道路的沿线，快递是很难直接进村的，需要从乡镇周转到村，村民取快递要么直接到村点去取，要么就让村点的人送到家里。这样虽然比较麻烦，但相对可行。

只收快递却不寄快递怎么行？在《熊出没》中，光头强总是在收快递，很少发快递。农村快递车辆满载下乡却空载而归，这又是农村物流的一大痛点——空载率太高。很多人以为村上可以发快递，但现实情况是，村上发出的快递寥寥无几，大多数快递是从乡镇发出的，更多的快递是从县域发出的，这与农村特别是农产品电商的发展现状有关。要解决这个问题，就要进行农产品上行，这与产品的标准化、品牌化、市场营销、包装设计、电商运营、人才培养等有关。

要想让邮政承担起农村物流“最后一公里”的重任，就必须在基层更换运输车辆，至少需要换成电动三轮车或小面包车。同时，县乡两级的邮政物流基础设施也需要完善，业务的数据化必须加强。

有些地方的邮政自成体系，把物流公司与邮政整合起来不容易。从经济学的角度看，农村物流“上面千根线，下面一针穿”最为理想，但如果真的整合不起来，就只能在县城找物流公司来做专业的第四方物流了，服务要好，数据要能打通且可追溯，关键是价格要便宜。例如，阿里巴巴的菜鸟物流，在县域以下已经整合了不少物流公司。

农村物流的现阶段发展比较困难，但随着业务量的增加，特别是第四方物流的发展，还有很大的拓展空间。如果能实现“送下去，收上来”的双向物流互通，前景还会更好。

5.6 农村物流爆仓的喜与忧

金秋时节，瓜果飘香，越来越多的水果正在通过电商直达消费者手中。然而，问题也随之而来，果区的物流压力与日俱增，物流爆仓，这不禁让人欢喜让人忧。

说其让人欢喜，是因为经过几年的发展，电商终于在西部“飞入寻常百姓家”。随着政府的推动，平台的下乡，在一批新农人与电商青年的带领下，越来越多的农村中老年人、残障人士、留守妇女学会了电商，农民手中的农产品有了新的销售渠道。

农业在不觉间发生了改变：一是由传统的产地批发转为产地直销，减少了中间环节，新零售也来到了田间地头，农民获得了更多的收入；二是生产者与消费者之间的距离更近了，交流更通畅了；

三是便捷的互联网载体，让众筹、领养、预售等新的方式在农业上“开花结果”，农产品销售渠道更加多样化；四是以电商为先导的互联网+运动，在逐渐改变农业生产方式的同时，也在逐渐改变农民的生活方式与思维观念。

然而，农村物流的短板在农村电商面前显得越发突出。初期，农村物流价格高，随着农村快递量的迅速增加，价格明显下降，而运力不足成为最大痛点。

运力不足引起爆仓问题，解决起来比较麻烦，主要原因在于水果的季节性强，一个水果大县在上市集中期的快递单量会高达几十万单，而平常可能只有几万单。如果增加物流车辆，则在一两个月的水果上市期之后，车辆就被闲置；如果不增加物流车辆，则快递堆积如山。显然，政府应该在更大的区域内进行运力调配。

与物流爆仓随之而来的还有包装、印刷的问题。某年的“双 11”，一个县的打包带竟然断货了，大量包装箱只能敞着口等待供应商救济。纸箱、内包装材料、说明书等，很多县只能从外地购买，一旦运路受阻，物流也只能停滞。

一方面，物流爆仓让人们看到了农村电商的发展十分迅速；另一方面，物流爆仓也让人们看到了农村物流的短板，这大概就是“成长的烦恼”。政府与物流公司，也应该以更长远的目光和更宽阔的视野看待农村电商，顺应农村电商的发展，不断优化服务。

5.7 警惕农村电商的陷阱

电商从城市发展到农村，在农村遇到互联网后开始了转型，农村电商风潮正在兴起。然而，新兴的农村电商不仅面临种种困难，而且面临被模仿甚至被伤害的风险，一些徒有虚名的“电商模式”值得警惕。

警惕贫困县出现的“跨境电商”。我到一个县参加电商培训，有学员问我跨境电商应该如何发展，我颇感意外。在仔细询问后我得知，有人开设了跨境电商网站，让大家在这个网站买东西。这些东西是出口转内销的，买几百元送几百元，几个月后就返还。顿时，一个并不新鲜的场景浮现在我眼前——所谓的消费返现，只是在冒充跨境电商而已。

警惕“积分返利”。积分返利这种营销模式存在已久，一般积分返利的额度不高。但当所谓的“积分返利”以电商的名义进入农村后，返利幅度之大让人咋舌。虽说电商是去中间化的，有规模优势，但买多少返多少显然不可能。返利一般是有条件的，就是“列队返现”，必须拉几个人进来才行，这明显是骗局。

警惕“O2O”。有人抓住大家的心理，推出入股加盟“O2O”模式，加盟者掏一定钱就可以加盟，网上购买，线下展示，一体运营，而且保证固定收益远高于银行利息。然而，生鲜电商是很难赢利的，保证固定收益无非是为了变相吸纳社会资金，一旦资金链断裂，加盟者往往难以保本，其模式本质上也与电商没有太大关系。

总之，如果消费者在电商平台上不是购买产品而是追求产品所带来的利润，就已经偏离了方向；如果经营者不是老老实实开店而想着投机取巧，就已经离欺骗消费者不远了。从事农村电商，大家需要继续艰苦探索，也需要擦亮眼睛仔细看。

第六部分

电商扶贫应该关注的电商变化

6.1 互联网的下半场

互联网的下半场正在由数量的竞争转变为质量的竞争，很多互联网的“领头羊”发表了关于互联网下半场的看法，较为一致的观点是，互联网的人口红利正在衰减，互联网新增用户增长速度明显放缓，电商增长速度逐渐放缓，曾经的蓝海市场正在转变为红海市场，企业必须进一步精细化运营，更加精准地满足客户的需求，提高创新能力、服务能力、运营能力。

从互联网的下半场竞争加剧开始，电商也在面临转型升级的难题。电商的发展，从早期 C2C 到 B2C，再到社交电商，电商的竞争早已发生改变。社会消费水平的提升促使电商转型升级，品质的竞争逐渐超过价格的竞争。现在，消费者对于服务、购物体验有了更高的要求，云计算、大数据、虚拟现实等新兴技术加速应用于电商，线上与线下的界限逐渐模糊。这是最好的时代，也是最坏的时代，对创新者来说更是如此！

因此，低价营销依然有市场，赢利却越来越困难；品质好、精细化、有创意成为消费者的新需求，原先割裂的商业形态也正在融合。“未来已来”已成为共识，但道路依旧艰辛，有思维转变的种种不适，也有供应链、产业链、价值链系统改造的持续阵痛。

品质竞争的内在动力是创新，企业要用创新丰富品牌的内涵，完善产品的工艺，塑造企业的文化，形成市场竞争的壁垒。

但创新注定不易，不是所有的创新都会“从 0 到 1”，更多的创新是渐进式创新，哪怕每次只有很小的进步，日积月累则会产生重大改变。

如果说早期的互联网是利用“不求完美先上路”的方式抢先占位，以争夺市场，那么现在的互联网就是利用“快速迭代常更新”的方式巩固地位，以留住消费者。互联网像一条奔腾的河流，冲过了最后一道山谷，转入中下游，很多砂石将会逐渐沉积到沿岸的河滩上，最终无法到达大海！

6.2 基于交易载体的四次电商演变

如今，电商在经济社会发展特别是互联网发展的进程中已经发生了深刻变化。从电商交易载体的角度来看，电商已经发生了四次演变。

电商的第一次演变，是将原来基于互联网的商品信息整合，变为可以在网上直接交易的模式。早期代表是淘宝、当当、京东等，较早的一批直接面向消费者的网络零售电商平台均基于 PC 端。基本的购物场景是消费者坐在可以上网的电脑前，登录电商平台，进行搜索、比价，最后购买商品，进行在线支付，完成消费。第一次演变将商品从信息的对接变为直接交易，改变了商业形态，也改变了人们的生活，大大提高了购物的便捷程度，但人们依然被固定在 PC 端前。

电商的第二次演变，是将原来基于 PC 端的固定载体购物变为基于智能手机的移动电商。在这一阶段，由于快速发展的 4G 和智能手机的普及，购物随时随地都可以进行。从 PC 端到移动端，看似变化很小，实际上这深刻影响电子商务的发展，使人们从对 PC 端的依赖转变为以人为中心的即时化消费，推动了万物互联的真正到来。电商领域出现了大量购物 App，如淘宝、京东、苏宁易购、当当等，现在，移动电商已成为主流。

电商的第三次演变是社交电商的出现。微信朋友圈满足了人们对社交生活的需求，人们可以随时随地分享自己的心情、美食、时装等。在微信朋友圈卖货依赖于熟人之间的信任关系，实现了去中间化的直接交易。社交电商的基本原理没有变，依然是基于分享。将社交关系利用得很好的电商当属拼多多，拼多多利用社交关系进行引导性消费，从开始的多人拼团到后来的两人即可拼团，以及来自熟人的邀请，很容易促成交易。

电商的第四次演变可以视作社群经济的诞生。在社群经济时代，去中间化趋势更加明显，人们基于共同的兴趣爱好组成若干社群，分享美好的生活，迅速促成交易。社群经济的发展为原来那些无法突破信任壁垒的城乡产销结合提供了新思路，企业要从消费者的需求出发，与之建立信任关系，利用互联网突破困境。社群经济在发展过程中也有可能出现利用信任关系行骗的情况，我们要警惕这种风险。

内容电商也得到了快速发展，企业利用直播平台，进行优质内容的分享，引发消费者的认同，促成消费。但总体来看，电商平台上的内容电商还是基于存量流量的再分配，而网络媒体的内容营销则可以带来流量的增加，二者可以进行结合。

未来的电商会走向哪里？已经有人喊出“电商已死”的口号。可以想象，如果未来在一个信用高度成熟的社会环境下，人与人之间的信息高度透明，人与人之间可以有效建立互信关系，则基于第三方建立的电商平台和支付工具是否还有存在的必要？

6.3 新零售时代的电商

2017 年 8 月，京东超市在地级市的线下推广活动火热开展，由电商掀起的一轮线下开店热潮愈演愈烈。曾经自诩纯电商的小米悄然开始进行线下销售，还要自建线下形象店；三只松鼠等“淘品牌”也开始建设线下门店，想要带给消费者不一样的体验；在挤垮了众多实体书店后，当当开始在线下建立自己的书店……新零售在质疑声、批判声中迅速发展，盒马生鲜、无人零售吸引了众多目光，一批电商迅速加入了新零售的行列。

无论线上还是线下，商业的本质未曾改变，只是形式不同而已。电商从诞生以来，短短十几年时间，已经给消费者带来了翻天覆地的变化，消费者正在享受互联网+生活的红利。电商也从被看不起逐渐转变为传统商业“羡慕忌妒恨”的对象，很多人视其为实体经济的“红颜祸水”，其实电商也是实体经济的一部分。

电商脱胎于传统商业，而后相对独立运行，最终将与传统商业融合，这一趋势如今已经越来越明显。企业必将为之而改变，谁也不愿意成为商业时代的“恐龙”，最后被历史淘汰。阿里巴巴、京东等大型电商平台，因其在行业中的特殊地位，其战略选择被很多人视为行业的风向标。

然而，电商与传统商业的运营模式有着明显差异，在长期的商业实践中形成了鲜明特点。传统超市具有选点科学、布局合理、采购高效等特点。电商去掉了中间环节，也不需要实体门店，形成了基于网络的店铺设计、产品配置、流量吸引、数据分析和配套的在线支付、快递物流等体系。这几年，传统商业在电商的实践之路上屡屡受挫，不少电商在线下运营的尝试中惨遭失败，显然线上线下的融合没有那么简单。

电商可以利用线下门店，使其与原有的运营体系融合。京东在正式宣布开设百万家便利店之前，就已经探索过京东到家等 O2O 项目，只是模式还不够成熟。如今，无论推广线下活动还是开设便利店，都离不开电商体系的大数据、在线支付和快递物流。

截至 2017 年 3 月 31 日，京东在全国范围内拥有 7 大物流中心，263 个大型仓库，覆盖全国范围内的 2672 个区县，生鲜冷链网络实现了全程冷链，支持全国 300 余个城市自营配送，其中超过 220 个城市实现了快递当日达和次日达。京东与西安航天基地签订了合作协议，五年内计划投资 205 亿元，在智慧供应链领域进行全方位、系统性布局，打造集仓储、配送、结算、大数据、云计算等于一体的智慧化物流产业中心。

阿里巴巴也不甘示弱，菜鸟物流覆盖全国 250 个城市，配送线路超过 90000 条，仓储面积（峰值）超过 500 万平方米，全国超过 1000 个区县的消费者在使用其当日达和次日达服务。京东与阿里巴巴在智能仓配、无人分拣、智慧物流等方面呈现出“你追我赶”的竞争态势，众多物流公司与电商企业也紧跟其后。

“变”是这个时代不变的主题。电商的发展日新月异，竞争如火如荼。对商业主体而言，每一次的变化都将是风险与机遇并存；对消费者而言，生活将因此而更加便利。

6.4 京东的崛起与电商平台创业

电商界的“战争”一直在持续，电商基本走过了无序竞争阶段，逐渐向几个头部企业集中。有人认为，这次是阿里巴巴和苏宁联手之后，京东和唯品会的“抱团”，余下的中小电商恐怕也需要站队。面对此情此景，满怀电商梦想的创业者，需要好好考虑。

京东：从网商到第三方电商平台的一路逆袭

电商的发展历程，经过网商、垂直电商、综合电商和第三方电商平台等几个发展阶段，京东就是沿着这条路线发展的。

最初，刘强东在中关村经销电脑，因诚信经营迅速占领市场，随后却果断关闭线下卖场，全面转入电商领域。刘强东最初借助了阿里巴巴，但是在随后的发展中，他走向了独立，创建自己的电商平台——京东，京东的初期定位是一个以销售“3C 产品”为主的垂直电商。

随着交易规模持续扩大，京东逐渐转向综合电商，除了销售“3C 产品”，还与当当抢夺图书销售市场，陆续将品类扩充到各个百货领域。如今，京东已经是一个综合性的大商场了。

不仅如此，刘强东还开通了京东的第三方平台业务。截至 2016 年 12 月 31 日，京东的第三方平台签约商家超过 12 万家。剔除虚拟商品，京东 2016 年第三方平台交易总额约为 2720 亿元。

从网商到第三方电商平台的经营逻辑

京东从网商到第三方电商平台的转型符合电商发展规律。

网商无法无限发展下去，在达到一定规模之后，就会转向垂直电商。垂直电商同样有自己的瓶颈，到了一定程度，就会向综合电商转型。京东转型及时，成为大型综合性自营电商平台；而当当转型不及时，依然是图书垂直电商，虽然也涉及百货领域，但效果不佳。

大型综合性自营电商平台也有自己的烦恼。大平台所配套的电商基础设施十分昂贵，不可能每天都满负荷，所以可以考虑开放一些平台资源，获取收益。在京东的平台资源丰富起来之后，也就具备了向第三方开放的实力。

如何在电商领域逆袭？

很多电商创业者都想成为第二个马云或刘强东，然而现实问题是，这种可能性微乎其微。

观察刘强东走过的路，他退出了成熟的线下市场，进入了当时新兴的电商领域，这是十分冒险的举动。在刘强东自建平台后，每一次重要关头总有投资者出手，让京东连续获得融资，因此，京东得以成为电商领域的佼佼者。

如今，在生鲜电商领域已经形成阿里巴巴、腾讯、京东三足鼎立的格局，阿里巴巴入股易果生鲜，腾讯入股每日优鲜，京东入股天天果园。

所以，如今在电商领域创业，梦想可以有，但要老老实实从网商做起，找到适合自己的道路，寻找新机会。有赞、有量、云集微店等一批依托微信形成的社交电商实现了对传统电商的逆袭，拼多多对社交电商平台进行创新，迅速发展壮大。这启示着创业者，要学会观察大势，寻找新机遇，突破困境，模仿与跟随绝对不是最好的策略。

6.5 农村电商的新风口与变局

农村电商正处在农村与电商不断变化的新时代，农村的格局在变，电商的风口在变，农村电商也要因时而变。

农村电商要回应乡村振兴的新要求。实施乡村振兴战略，根据“产业兴旺、生态宜居、乡风文明、治理有效、生活富裕”的总要求，政府要从生产、生活、生态等方方面面增强亿万农民群众的参与感、获得感和幸福感。乡村振兴不仅是经济层面的，而且是生态社会等各层面的；不仅要增加农民的收入，而且要让农村变得更美丽，农业的发展要更科学；不仅要保护农村不衰败，而且要使乡村复兴，实现城乡深度融合。这就意味着农村电商要围绕经济、社会、文化、生态等乡村振兴的各个方面做文章，努力形成农村互联网新经济，最终成为数字城乡的一部分。

农村电商要回应农民群众的新期待。农村电商是农村信息化发展到一定程度的产物，农民正在享受电商带来的红利。早期，农民满足于搜索、查看、购买等基本体验，现在，农民已经有了卖农产品的强烈要求，他们希望能够通过电商脱贫致富，过上幸福的小康生活。正是在这样的背景下，农产品上行、电商扶贫成为农村电商的新热点。

农村电商要适应电商的新趋势。现在，电商发展出现了重要变化：一是交易终端从 PC 端向移动端全面转移；二是从在线化向社交化快速转变，“无社交不电商”；三是居民消费逐渐升级，消费者更加看重品质；四是从线上线下竞争转变为线上线下融合；五是消费期待从“翘首以盼”到“随心所欲”。在这种变化下，还在传统电商道路上探索的农村电商被迫进行改变。

农村电商要破解发展基础的新难题。从整体来看，农村电商基础薄弱，电商要素残缺，电商生态还没有完全形成。物流方面，过去，很多村不通快递，如今，降费提速成为现实要求。东部沿海发达地区运费便宜，而一些中西部贫困地区运费十分昂贵。人才方面，人才整体短缺与人才质量不高的问题并存，缺少创新型人才、复合型人才。服务方面，过去单打独斗的局面越发难以维持，企业将部分服务环节外包，电商服务、供应链服务等成为迫切需求。格局方面，随着格局的变化，小而散的农村电商面临新的转型压力，从业者需要转变角色。

农村电商应该迎难而上，不负时代的期待，这需要农村电商生态圈中的政府、平台、企业、新农人、服务商等多方面协同努力。

6.6 从“6·18”看生鲜电商的特点与趋势

“6·18”电商节有几个重要特点：一是从京东的“独自登台”转变为众多平台集体参与；二是电商已经成为“3C 产品”的主要销售渠道，传统家电企业也适应了这种变化，实现了转型和升级；三是生鲜电商进一步加快了前进的脚步，品类不断增加，销售规模快速扩大。

根据各大电商平台的数据，生鲜电商在“6·18”期间（6 月 1 日至 18 日），订单量大幅增加。在 2017 年“6·18”期间，京东共销售生鲜产品约 7664 吨。在天猫，烟台的大樱桃售出约 13.5 万斤，小龙虾售出约 120 万只，22 万多个奇异果瞬间售罄。

生鲜电商的发展历程，大体经历了三大阶段，但每一阶段的实际效果都无法让人完全满意。在第一阶段，生鲜电商曾与菜市场 PK，结果却一败涂地。在第二阶段，生鲜垂直电商兴起，然而重资产却成为其一大负担，一旦投资难以为继，平台随时可能倒闭。到了第三阶段，生鲜电商借助于现有的线下体系，竞相在社区便利店、配送站、保鲜箱上投资，但投资成本与最终收益不成正比。

如今，新零售应运而生，生鲜电商迎来新的发展机遇。

新零售对于生鲜电商而言有四个方面的重要意义：一是增强了消费者的体验。生鲜产品不仅需要感染力强的网页宣传，更需要消费者亲身体验，再好的广告词也没有亲口品尝重要。二是提升了效率，就近出货。生鲜产品需要就近供应，这样才能保持新鲜，降低损耗，这是线下超市和门店的重要价值。三是融合了消费者群体。新零售为习惯在线下采购的消费者提供了线上的便捷订购体系，也让网购一族从线上走到线下，大数据则进一步使消费者的类别精细化。四是降低了运营成本。建设线下门店与冷链体系的沉重包袱曾让生鲜电商进退维谷，新零售有效解决了这个问题，因此效能得以提升。

生鲜电商也因跨境电商的发展而受益。京东生鲜曾与澳大利亚、新西兰、智利的车厘子原产地开展战略合作，通过包地直供的形式，将国外的车厘子带到国内。苏宁旗下的苏鲜生覆盖全国 113 个城市，消费者下单后，24 小时内即可收货。易果集团旗下的安鲜达在全国数十个城市拥有总面积超过 85000 平方米的物流基地，通过多温层、全程冷链的物流体系、自动化分拣设备和标准化加工，提高妥投率。

在生鲜电商线上线下加速融合的进程中，“跑马圈地”等营销思维要让位于供应链与产业链的整合，生鲜电商更需要从前端向后端转移，还要更加关注供应链的整合效率与产业链的匹配程度。随着生鲜电商规模的日益扩大，品牌化的特征也日趋明显。新一轮的生鲜电商竞争也将更加激烈，投资将越来越多，产业链条将越拉越长，线上线下将加速融合，国际化、品牌化特征将越来越明显。

6.7 走在市集看电商

某个星期天的早晨，为了给孩子养的蚕宝宝找吃的，我去了一趟西安玉祥门里的西仓巷，这里虽在城区，却保持着每周四和每周日开集的传统，卖的东西从水果、蔬菜到生活日用品，再到花鸟鱼虫，种类繁多。恰逢周日开集，一到市集我就切身感受到了什么叫熙熙攘攘，好像回到了乡间的集市。我一直在思考与农村电商有关的事情，见到此景，不禁想起了几个问题。

为什么城里还保留着传统市集？

我认为可归结为“二老”因素：一是城区老，老城区一直保留着窄街小巷的风貌，新城区大多会陷入街宽无市的尴尬境地；二是老年人多，老年人大多住在老城区，对于市集有着深厚的感情，正好又有大量的闲暇时间，对于逛市集乐此不疲。

为什么传统市集还这么红火？

有三个原因：一是定期开集，客流量大，商家多，产品丰富且便宜，价格很有吸引力；二是与老年人普遍节俭的消费习惯相匹配；三是满足了老年人的精神需求，他们喜欢感受热闹的气氛，找找乡愁，其乐融融。

市集带给电商哪些思考？

首先，必须正视线上线下的差异。消费者购物绝对不是买东西那么简单，还要有体验感。消费者在线下可以摸、尝、试，在线上可以看图、读文、查评价，以不同的方式购物。市集上的农产品，可能只经过了农户（基地）—运输者—城市经销商三个环节，甚至有的经销商就是农民，所有的中间环节都省去了；但一般的生鲜电商要经过农户（基地）—买手—运输者—仓储保鲜—二次分拣—快递到户等环节，时间成本和运营成本较高，也会增加损耗。减少中间环节，降低成本，是生鲜电商的当务之急。

其次，要走差异化路线。线上线下各有优缺点，目标客户不同，可以实现差异化发展。有时，电商的定位还不如市集的定位明确，市集服务老年人，产品经济实惠，新鲜便宜；有的电商定位不明确，赔本也赚不来吆喝。

再次，要在供应链上下功夫。多一个环节就多一项成本，如果产品出了问题，再好的营销也不管用。考虑到农产品的非标准性、自然性，则供应链的重要性就更加突显。

最后，农村电商可以借鉴市集模式。农村住户分散，订单也较分散，因此农村电商绝对不能套用城市的电商模式。乐村淘借鉴了市集模式，推出"乐六集"；阿里巴巴、京东等开展的春耕节效果良好；陕西武功县结合文化下乡，推出了电商纳凉晚会，在办晚会的过程中推广农村电商。

现在，大家对农村电商的担忧很多，我认为农村电商的发展才刚刚开始，可以随时调整，不必过多担忧。我对城市里的市集表示担忧，因为一旦城市经过改造，市集很可能就会成为历史。

6.8 从大型超市的没落看消费市场的变化

大型超市的没落，背后体现出消费市场的深刻变化。

从业态角度看，大型超市不断被分流。大型超市的引进曾经是一种时尚，习惯了逛百货商场、菜市场的市民，首次踏进大型超市，可谓开阔了眼界，享受到了购物的乐趣。大型超市不仅产品种类多，而且价格相对实惠，一次采购可以解决许多问题。后来一些专业卖场开始兴起，蚕食大型超市的市场份额，如家电领域的苏宁、国美，化妆品领域的屈臣氏。之后，电商逐渐从早期的电子产品、图书、服装向快消品领域扩展，大型超市进一步被分流。近年，生鲜超市取得长足发展，威胁大型超市的核心业务——因为生鲜产品的毛利较高。

从成本角度看，在大型超市购物的隐性成本不断上升。虽然大型超市的某些产品很便宜，但不是所有产品都便宜，所谓的“天天低价”实际上是部分低价产品带动非低价产品销售。更重要的是，中国城市人口密度大，在私家车普及后，堵车现象严重，停车困难，在大型超市购物的交通成本、时间成本、选择成本、心理等待成本等急剧增加，购物体验感下降。如今，供应链体系日益成熟，产品流通效率全面提升，成本大幅下降，大型超市原先的集中采购成本优势逐渐丧失。

从消费需求角度看，大型超市跟不上个性化消费趋势。大型超市进入中国的三十年，恰恰是中国经济迅速腾飞的三十年，经济实力大幅提升，居民消费能力快速提高，个性化消费兴起，这对原来的大规模单一采购模式带来重要影响。如今，一件衣服很难再卖出几万件，随之而来的是小量多批、快速翻单的个性化生产。因此，大型超市的采购体系就显得不合时宜了。特别是80后、90后，他们追求个性和自由，这催生了许多个性化小众品牌。

从消费场景角度看，场景变化进一步降低了大型超市的吸引力。如今，选择在周末出游的人变多了，而周末逛大型超市的人数并没有增加。原先分散的购物、餐饮、看电影等消费项目，全被大型商业中心“一锅烩”，这对大型超市造成严重冲击。

显然，大型超市遇到的问题是多方面的，大型超市需要认真反思，积极变革，努力跟上不断变化的消费趋势。

6.9 电商开店的意义

自新零售浪潮兴起以来，开店已经成为新常态。阿里巴巴开设了盒马鲜生，京东开设了 7FRESH，本来生活等垂直生鲜电商也纷纷开设实体店。再往前追溯，当当开设了实体书店，小米开设了线下体验店，三只松鼠开设了形象展示店。

为什么电商纷纷开设实体店？因为电商的发展遇到了瓶颈，亟待转型。这几年，电商客户新增速度缓慢，电商市场主体持续增加，运营成本节节攀升，人口红利逐渐消失，与其在线上竞争，还不如去线下开店。

实体店对电商有如下意义。

第一，以低成本获取客户。在线下开店，成本低，客户多，客户体验感更好。

第二，以直观的体验培养客户。生鲜电商目前的行业渗透率较低，年纪较大的人习惯于现场挑选产品。有了实体店，体验感增强，线下客户就会慢慢变成线上客户。

第三，以数字化体系进行精准营销。电商擅长运用大数据、云计算等技术，能够准确描绘客户画像，补货、调货也就十分精准了。

第四，以线下社区搭建线上社群，进一步增强客户黏性。很多电商开的便利店，都以客户居住的小区为单位建立微信群，原来的陌生人在微信群中熟悉起来，分享各自的购物经验，真是不亦乐乎。

第五，为已经成熟的供应链体系提供新的用武之地。新的互联网基础设施加速被建成，各大电商的供应链体系已经出现了过剩或闲置的情况，于是电商纷纷在线下开店，线上、线下的竞争其实已经成为供应链体系的竞争。

6.10 电商开店面临的挑战

回顾电商的扩张之路，失败的例子不在少数。很多开展生鲜电商的人，懂电商却不懂生鲜，忽视了生鲜的非标准化问题，结果损失惨重。某些生鲜电商在采购时洋相百出，产品源头出了问题，自然难以成功。

电商开店面临诸多挑战，以下是我的一点思考。

选址很重要。线上开店无须选址，但线下开店就得扎扎实实选址、装修了。风格如何把握？成本如何控制？这些都需要考虑。

实体店的面积很重要。网店不受面积限制，但实体店受面积限制，一般在实体店中有几百种产品已经很不容易了。在有限的面积内摆货，摆什么不摆什么，又是一门学问。

供应链体系需要改变。电商以中心点发货为主要模式，产品原来从中心点发往全国，后来又分出区域大仓、中转仓和前置仓，但离最终客户依旧有一定的距离。实体店则直接与客户面对面，客户能直接购买产品。

不能为了开店而开店。电商开店不是目的，如果不能完全融合线上线下，就无法更好地发展。新零售的核心是用电商先进的技术、理念、方法及数字化业务体系改造线下零售体系，使其变成网络零售的前端，重点在于依托大数据为客户打造线上线下高度融合的综合性购物场景。

有的无人零售店曾在某年夏天因降温技术不过关而被迫关店，有的无人零售店技术成本过高，难以持久。

总之，对于新事物，我们要充满期盼，热烈欢迎，宽容看待。

6.11 新零售的新变化

如今，新零售有了新变化。

新零售离不开移动社交。

近年来，越来越多的人习惯了使用社交软件。很多节日的祝福信息都来自微信，祝福的形式更加多样化，从简单的文字到精美的图片，再到短视频。因此，社交软件就成了新零售重要的超级流量入口。

培养客户的消费习惯十分重要。

为培养客户的消费习惯而付出的前期投入总是值得的。网约车经过几轮补贴大战，培养了几亿客户的消费习惯，为以后的发展奠定了基础。与之类似的还有外卖，一盒三四十元的盒饭，经过补贴只需十元，年轻客户甚至习惯了天天叫外卖。

餐饮在新零售中的地位越来越重要。

如今，商业中心把原来分散的百货、超市、餐饮、娱乐等融为一体，大大方便了客户的一体化消费。值得注意的是，餐饮在其中的比重越来越高。某年中秋节我去了一个新开业的商业中心，七层中餐饮店就占三层，而且餐饮店人流量明显超过其他店。因此，新零售无一例外地在"死磕"两个重要领域：便利店和餐饮。无论京东还是阿里巴巴，争夺的都是遍布城市社区附近的便利店资源。在发达国家，仅在餐饮业就能产生多个大型企业。

新零售入行者应该捕捉新的消费趋势，更好地获取客户，争夺新的流量入口，在消费变革中找到新法宝。

6.12　电商要关注商业、消费和传播方式的变化

目前做电商的人主要关注互联网的变化，而对商业、消费和传播方式的变化关注不够。最近在与一些电商创业者的交流中，我发现他们走入了一个误区，也慢慢陷入思维定式。他们在技术层面做了很多探索，却很少放眼看商业、消费和传播方式的变化。

所以，我们不妨从商业、消费和传播方式的变化去审视电商正在发生怎样的变化。

一、商业的变化

商业在这一两百年间发生了很大变化，《乡村爱情》中的大脚食杂店是较早的商业形态之一，随后出现了专卖店。当现代城市形成的时候，人口高度集中，消费需求高度集中，分散的商业形态难以满足消费者的需求。因此，20 世纪初，出现了百货公司。

随着城市化进程的加快，大量人口散居于城市周边，城市中心的百货公司已经无法满足消费者的需求了，随后出现了超级市场。超级市场一般远离城市，有庞大的停车场和便捷的结算体系，商品琳琅满目。

随着社会节奏的加快和时间成本的上升，无论百货公司还是超级市场都存在距离消费者远、消费者购物的时间成本高等问题。随后，各类便利店如雨后春笋般涌现。

随着城市社区的形成，在人口集中区开始形成去中心化的商业中心，它把餐饮、娱乐及各类服务融为一体。

二、消费的变化

随着社会经济的发展，人们的生活越来越好，人们对生活的要求也越来越高，很多家庭在外就餐的次数不断增加。

消费者对品质的要求越来越高，对便利的要求也越来越高，那些富有特色且品质也比较好的商品受到消费者的欢迎。

农村的消费市场也在发生重大变化，农村正在进行新一轮的消费升级，空调、大尺寸平板电视、智能手机得到普及，农村生活越来越现代化。

三、传播方式的变化

商业自诞生以来就与传媒密不可分，商品的宣传和推广高度依赖传媒。早期的传播方式依靠发传单，后来报纸、广播、电视等大幅提高了传播效率，也对商业产生了推动作用。

现在，我们已经全面进入互联网时代，信息爆炸、传播方式多样，如何在有限的时间内引起消费者的注意是所有企业必须思考的现实问题。

从阅读文字到看图片再到看视频，互联网的发展又带火了短视频和直播，消费者变得习惯于在社交媒体上了解新的信息。面对新变化，很多企业没有及时调整思路，走向失败。

传播方式的变化直接影响电商的流量，企业必须借助各种传播方式，扩大传播范围，增加曝光率，这样才能获得可观的流量。

总之，企业必须把握好商业、消费和传播方式的变化，及时调整经营理念，这样才能有的放矢，跟上时代的脚步。

6.13 社区团购的优势与劣势

社区团购与社区支持农业（Community Support Agriculture，CSA）很像，其起源可以追溯到二十世纪七十年代。当时，日本迎来消费升级，一些家庭主妇格外关注健康问题，想吃放心的食品，却对市场上的食品不放心，于是她们亲自到农村挑选农产品，让农民每个周末把农产品运到社区，再分给大家，可以说这是社区团购的雏形。随着消费量的增大，出现了常态化、组织化的对接模式，并逐渐演化成CSA模式，这一模式由日本传播到美国，再推广到欧洲，大约2010年前后被引进中国。

从实际情况看，CSA模式在中国依然处于推广早期。中国社区的人员构成、活动半径、人际关系都与国外有差异，一般超过150人后，再扩大规模就很难了。由于无法达到300人以上，农场很难赢利也难以实现可持续发展。互联网的普及让CSA模式在线上迎来新的活跃期，CSA模式+社交软件+地理位置分享+发达的支付及物流体系，催生了社区团购。

以社区团购的重要品类——生鲜产品为例，无论传统的集中配送还是前置仓配送，都无法达到与社区便利店配送一样的速度。为了在

30分钟内送达，生鲜电商付出的仓储、配送成本很高，亏损严重。

社区团购一般利用微信群或小程序开展，消费者提前预约，然后便利店集中配送。基于社区团购，采购数量一般较多，所以便利店可以从源产地规模化直接采购，去中间化和规模化采购优势明显，价格便宜了许多。

然而，社区团购也有劣势，多小区同时铺开，必然会带来管理程序的增加，导致运营成本快速增加。更糟糕的是，社区团购根本没有自己的供应链，完全受制于人。

社区是基本半径，生活圈是基本定位，过度商业化必然对社区团购不利。我们要在扩大规模的同时，把源头的产业链、中间的供应链和终端的社区充分结合起来，使社区团购得到更好的发展！

6.14 农村电商步入供应链竞争

农村电商随着电商的发展出现了新变化，农村电商供应链之争愈演愈烈。

2018年，阿里巴巴向汇通达公司投资45亿元，为农村市场提供品牌专供、下单平台、新零售系统、阿里云平台、物流系统解决方案等一系列服务。京东公布新通路项目，将原来面向京东便利店的“线上店铺”系统在京东掌柜宝全部用户中推广，不仅把众多线下夫妻店“搬到”线上，为其供货，还进一步支持其在网上同步开通小店。苏宁零售云正式启动，定位于县镇市场，主打“3C产品”、家电，并整合智能配件、母婴等品类，这依托的是苏宁多年以来积累的强大供应链。

与此同时，电商纷纷开设实体店。三只松鼠入驻阿里巴巴零售通，其线下小店可以通过零售通进货，三只松鼠正在向以数据为驱动的供应链公司转型。此后，本来生活等诸多垂直电商平台的实体店也相继成立。

2019 年，阿里巴巴入股申通快递，京东、苏宁也加大了对物流方面的投入。

新零售的竞争其实是供应链的竞争。农村电商已经步入供应链竞争。创造条件促使便利店开进农村，可谓一举多得。除了能满足村民的日常消费需求，还有助于企业进一步拓展农村市场。此外，依托便利店，相关企业还可以承载更多社会功能。例如，在便利店售卖报纸、杂志，方便村民获取信息；在便利店设置自助银行，方便村民进行消费；在便利店推行农村相关税费、补贴等代扣代缴、划转服务，协助农村进一步完善治理等。

阿里巴巴和京东并没有直接开便利店，而是以收编传统的夫妻店为主。其背后的含义是，先让夫妻店数字化，以充分获取数据，再把相对成熟的供应链应用于夫妻店，最后构筑城乡一体的供应链体系，包括商品流的整合、物流的整合、线上线下店铺资源的整合等。

因此，从事农村电商的人更应该审时度势，顺势而为。

图书在版编目（CIP）数据

精准扶贫：中国电商扶贫新实践 / 魏延安著. —北京：电子工业出版社，2020.10

ISBN 978-7-121-38930-6

Ⅰ. ①精…　Ⅱ. ①魏…　Ⅲ. ①电子商务－应用－扶贫－研究－中国　Ⅳ. ①F724.6②F126

中国版本图书馆 CIP 数据核字（2020）第 051925 号

责任编辑：黄　菲　　文字编辑：刘　甜
印　　刷：北京捷迅佳彩印刷有限公司
装　　订：北京捷迅佳彩印刷有限公司
出版发行：电子工业出版社
　　　　　北京市海淀区万寿路 173 信箱　邮编：100036
开　　本：787×1 092　1/16　印张：12.75　字数：184 千字
版　　次：2020 年 10 月第 1 版
印　　次：2020 年 10 月第 1 次印刷
定　　价：88.00 元

凡所购买电子工业出版社图书有缺损问题，请向购买书店调换。若书店售缺，请与本社发行部联系，联系及邮购电话：（010）88254888，88258888。

质量投诉请发邮件至 zlts@phei.com.cn，盗版侵权举报请发邮件至 dbqq@phei.com.cn。

本书咨询联系方式：1024004410@qq.com